清代金文研究綜論

郭國權 ◎ 著

中国社会科学出版社

圖書在版編目（CIP）數據

清代金文研究綜論／郭國權著．—北京：中國社會科學出版社，2020.12
ISBN 978-7-5203-7492-7

Ⅰ.①清…　Ⅱ.①郭…　Ⅲ.①金文—研究—中國—清代
Ⅳ.①K877.34

中國版本圖書館CIP數據核字（2020）第222740號

出 版 人	趙劍英
責任編輯	耿曉明
責任校對	李　萍
責任印製	李寡寡

出　　版	中國社會科學出版社
社　　址	北京鼓樓西大街甲158號
郵　　編	100720
網　　址	http://www.csspw.cn
發 行 部	010-84083685
門 市 部	010-84029450
經　　銷	新華書店及其他書店

印　　刷	北京明恒達印務有限公司
裝　　訂	廊坊市廣陽區廣增裝訂廠
版　　次	2020年12月第1版
印　　次	2020年12月第1次印刷

開　　本	710×1000　1/16
印　　張	12.25
插　　頁	2
字　　數	202千字
定　　價	69.00圓

凡購買中國社會科學出版社圖書，如有質量問題請與本社營銷中心聯繫調換
電話：010-84083683
版權所有　侵權必究

前　　言

　　清代是中國文字學研究史上最為關鍵的時代，在文字學發展史上佔有顯著地位。晚清學者正確認識了文字的演變過程，基本上擺脫了宋代以來直至清代前期的臆測之風，二十世紀以後的古文字研究，正是從這裏起步。清代末期的古文字研究，走上了實事求是的科學道路，是文字學研究史上一個重要的轉折點。

　　清代統治者實行嚴酷的文化統治，這是清代以考據為特點的金文學發達的社會政治原因；學術上的遞相繼承和科學的研究方法是其內在原因。此外，宋代金文學的成果為清代學者提供了大量的研究資料和實用的研究方法，新出土的青銅器為學者的研究提供了更多的第一手材料，這些因素導致了清代金文學研究的勃興。晚清甲骨文的發現，對古文字學研究來說有著劃時代的意義，晚清學者開始利用甲骨文材料，以一種具有理論高度的視角審視漢字的發展和演變，取得了傑出的成就。

　　清代的金文著錄超過以往任何一個時期，從民國初年至今，不斷有學者對清代著錄加以整理和研究。清代以收錄青銅器圖像、銘文拓本和摹本為主的金文著作將近四十部，著錄商周有銘青銅器近三千件之多。金文考釋也取得了空前的成就，在易識字所剩無幾的情況下，清代學者考釋出的單字數量大約有五百個。在研究方法上，清代人也有傑出的貢獻。宋代使用的對照法在清代運用得更加廣泛，推勘法、偏旁分析法也運用得更加精微而科學。此外，二重證據法的運用，標誌著金文學理論的成熟，研究金文的目的更加明確，金文研究從此跳出了狹小的金石學範圍，金文也就成為研究歷史與文化重要的第一手材料。至於存在的問題，在客觀上受到銅器銹蝕、時代名物以及圖形文字的限制，主觀上受到文字形體相近等條件的制約，有些因素今後仍將存在。

在器物學研究方面，雖然從總體上講，清代學者不太注重此項研究，但也取得了一定的成就。分類定名研究中解決了宋代以來總名與專名不分的問題，"殷"的名稱問題等，而且明確了分類標準，即以器物的功能為其命名。在斷代研究上，清代學者的認識比宋代學者更加明確，方法也相對科學，他們綜合運用曆日推定法、人物事件推定法以及器形及銘文書寫風格推定法等各種手段，而且，清代學者已經初步具備了"標準器"的觀念，這些都是值得肯定的。

清代學者在金文學研究上所取得的空前成就和在研究方法上的創見，給後世帶來深遠的影響。清代人對銘文的搜集、整理和著錄，為後世留下了豐富的資料，在文字學理論上，他們開始探討文字演變規律并實現了一些理論上的突破。對《說文》古文時代的研究，清末就已經有了被後人公認的結論；對《說文》籀文時代的研究，雖沒有確鑿的結論，但引發了後代學者對該問題的探索。清代學者能夠科學地看待《說文》，並利用金文等文字資料對《說文》進行補正，這些可觀的成就都是值得肯定的。餘風所及，民國金文學家所取得的成就，以及民國以後金文學轉向新的研究潮流，與清代金文學的發展和貢獻有著密切的關係。本題研究包括以下幾項內容：

第一，對清代之前的金文研究作以回顧，明確清代金文研究的起點以及可以依憑的材料，可以借鑒的方法。

第二，對清代金文研究作整體回顧和分析，分析清代金文學發展的原因，找出推動其發展的外部環境與內在力量，厘清這一時期金文學發展的脈絡。對清代金文著錄作簡要的介紹和評價，以便對清代金文學研究的歷史有更加客觀明確的認識。

第三，對清代金文考釋成就和考釋方法作全面考察，闡述其得失，並探究其原因。

第四，介紹清代青銅器分類定名與斷代研究情況，探討清代青銅器斷代方法，分析其成就與不足。

第五，論述晚清金文學的成就和對後世的影響。

本書的研究，除了全面介紹和評價清代金文學研究成果之外，還將把清代金文研究放在文字學歷史中，通過對清代學者成就的分析，認清其在整個文字學史上的地位與貢獻。

凡　　例

1. 本文所據古籍的版本均見文後所附"參考文獻"中相關的版本說明。正文、註釋和參考文獻中所有古籍均不署朝代。

2. 《殷周金文集成》因版次不同冊數與頁碼各異而編號不變，所以凡來自《殷周金文集成》中的材料註釋只給出編號，不注冊第與頁碼。

3. 人名後不加"先生"，但絕無不尊重之意。

4. 行文過程中使用的術語，"金文"與"銘文"意義相同。

5. 引文需要解釋時隨文加注，不作腳註。

6. 爲了行文簡潔，視需要可能用到的簡稱如下：

全稱	簡稱	全稱	簡稱
西清四鑒	四鑒	殷周金文集成	集成
西清古鑒	西清	說文解字	說文
寧壽鑒古	寧壽	恆軒所見所藏吉金錄	恆軒
西清續鑒（甲編）	西甲	積古齋鐘鼎彝器款識	積古
西清續鑒（乙編）	西乙	兩罍軒彝器圖釋	兩罍
十六長樂堂古器款識考	十六	陶齋吉金錄	陶齋
懷米山房吉金圖	懷米	攀古樓彝器款識	攀古
窓齋集古錄	窓齋	攈古錄金文	攈古
綴遺齋彝器款識考釋	綴遺	奇觚室吉金文述	奇觚
筠清館金文	筠清	簠齋吉金錄	簠齋

引文中使用的簡稱與此不同者不予注明。

目　　錄

第一章　緒論 …………………………………………………（1）
　第一節　研究現狀及選題意義 ………………………………（1）
　　一　研究現狀 ………………………………………………（1）
　　二　選題意義 ………………………………………………（6）
　第二節　研究範圍 ……………………………………………（8）
　　一　研究階段的界定 ………………………………………（8）
　　二　研究內容的界定 ………………………………………（9）
　第三節　清代以前的金文研究 ………………………………（16）
　　一　兩漢 ……………………………………………………（16）
　　二　宋代 ……………………………………………………（18）
　　三　元明 ……………………………………………………（27）

第二章　清代金文研究概覽 …………………………………（32）
　第一節　清代金文學發展的原因 ……………………………（32）
　　一　社會政治因素的影響 …………………………………（32）
　　二　學術規律本身的制約 …………………………………（34）
　　三　出土材料的新發現 ……………………………………（38）
　第二節　清代金文研究述要 …………………………………（47）
　　一　乾嘉——清代金文研究之肇端 ………………………（49）
　　二　道咸——清代金文研究之發展 ………………………（69）

三　同光——清代金文研究之高峰 …………………………（79）

第三章　清代的金文考釋 ………………………………………（109）
　第一節　清代的金文考釋方法 …………………………………（109）
　　一　對照法 ………………………………………………………（110）
　　二　推勘法 ………………………………………………………（117）
　　三　偏旁分析法 …………………………………………………（119）
　　四　二重證據法 …………………………………………………（123）
　第二節　清代金文考釋之疏失 …………………………………（128）
　　一　客觀因素分析 ………………………………………………（128）
　　二　主觀因素分析 ………………………………………………（135）

第四章　分類定名研究與斷代研究 ……………………………（145）
　第一節　清代的銅器分類定名研究 ……………………………（145）
　第二節　清代的銅器斷代研究 …………………………………（154）
　　一　清代銅器斷代研究的特點 …………………………………（154）
　　二　清代銅器斷代的方法 ………………………………………（159）

第五章　清代金文學成就與影響 ………………………………（165）
　第一節　清代金文學的成就 ……………………………………（165）
　第二節　清代金文學的影響 ……………………………………（171）
　　一　對說文學的貢獻 ……………………………………………（171）
　　二　影響民國以後金文學的發展 ………………………………（178）

參考文獻 …………………………………………………………（181）

第一章　緒論

第一節　研究現狀及選題意義

一　研究現狀

對研究對象的認識和對以往研究成果的瞭解是學術研究的前提，金文研究當然也不例外。可以說，對清代金文研究成果的整理和研究，從清代晚期就已經開始。① 孫詒讓於同治十一年（1872）著成《古籀拾遺》三卷，光緒十四年（1888）又對其進行重新校定，於光緒十六年（1890）問世。孫氏於自敘中云："此書成於同治壬申，時在金陵，光緒戊子重校定，刊于溫州。同里周孝廉瑑亦耆篆籀之學，爲手書以上版，並是正其文字，中牽于它事三載始畢功……庚寅正月刊成記之。"從中可知編纂此書的大致經過。此書中卷的內容就是考訂阮元《積古齋鐘鼎款識》中摹刻的三十篇銘文的，這三十篇銘文分別是：庚申父丁角、楚良臣余義鐘、祿康鐘、叔丁寶林鐘、宗周鐘、虢叔大林鐘、楚公鐘、周公華鐘、庈父鼎、赴鼎、禺攸从鼎、叔尊、周壺、象觶、寓彝、繼彝、虡彝、吳彝、叔殷父敦、遣小子敦、追敦、召伯虎敦、綰綽眉壽敦、祖辛敦、宄簋、張仲簋、曾伯霥簠、陳逆簠、宄盉、齊侯甗。下卷選取考訂了吳榮光在《筠清館金文》中

---

① 清代中期就已出現的器目類著作，雖是對清代青銅器收藏及著錄所作的整理，但不具有金文研究的性質，故不列入討論範圍。

摹刻的二十二篇銘文，分別是：商女嫠彝、周罴卣、周父癸角、周大師虘豆、周敦、周宂敦、周史頌敦、周然膝敦、周師寰敦、周麋生敦、周豐姬敦、周大蒐鼎、周兵史鼎、周大鼎、周韓侯伯晨鼎、周寶父鼎、周申月壐鼎、周作書彝、周居後彝、周安作公白辛彝、周丼人殘鐘、周鐘。孫氏主要考訂其釋字之訛誤，並在此基礎上有很多創見。由於孫詒讓考證方法精當，態度謹嚴，其考釋成果多為後來學者所接受。

民國初年的金文研究，有很大一部份是對宋代和清代金文研究成果的整理和總結。1914 年，王國維根據清代十六種金文著錄專書編成《國朝金文著錄表》。① 王氏為該表確定的取捨原則是"以摹原器拓本者為限，其僅錄釋文或雖摹原文而變其行款大小者，皆不採錄"②。該書所據十六種清代專書分別是：錢坫《十六長樂堂古器款識》、阮元《積古齋鐘鼎彝器款識》、曹載奎③《懷米山房吉金圖》、吳榮光《筠清館金文》、劉喜海《長安獲古編》、吳式芬《攈古錄金文》、徐同柏《從古堂款識學》、朱善旂《敬吾心室彝器款識》、吳雲《兩罍軒彝器圖釋》、潘祖蔭《攀古樓彝器款識》、吳大澂《愙齋所見所藏吉金錄》、劉心源《奇觚室吉金文述》、端方《陶齋吉金錄》（包括續錄二卷又續一卷）、羅振玉《集古遺文》④、《秦金石刻辭》《歷代符牌錄》三種。王國維第一次將四千二百九十五件青銅器進行統一整理和分類。表格的內容有四：一是統一器名，因為此前的青銅器著錄名稱太過雜亂，各家有別，一物數名或數物一名的情況較為常見，王國維選擇最常用的名字著錄，別名及別名的出處在最後一欄的"雜記"中給出，很便於檢索；二是收集歷代，尤其是清代金石學家、收藏家對每件青銅器的著錄情況，反映出每件青銅器的收藏史；三是核對每種青銅器銘文的字數，糾正此前各家著錄由於銘文辨認困難而出

---

① 劉雨、沈丁、盧岩、王文亮編：《商周金文著錄總表》（中華書局 2008 年版）的前言中說該書出版於 1914 年 8 月。
② 王國維：《國朝金文著錄表》之《略例》，民國十七年石印海寧王忠愨公遺書本。
③ 王國維於此書中稱曹載奎為曹奎。
④ 此書在王國維編著《國朝金文著錄表》時未刊行。

現的字數差異，如有的著作把青銅器上的花紋誤認為文字等；四是雜記，多辨別每種青銅器的真偽，將偽器和疑似之器另附於後，糾正此前各家的著錄錯誤。王表除了為其後的著錄表積累了基礎數據外，還開創了體例，為後來的研究者提供了很大便利。郭沫若在撰寫《殷周青銅器銘文研究》一書時曾將此書作為重要的參考材料，郭氏於自序中云："處理資料之方法，則以得力於王國維氏之著書者為最多；其《金文著錄表》與《說文諧聲譜》二書，余於述作時實未嘗須臾離也。"① 但是，由於王國維為自己確定的取捨原則是"以摹原器拓本者為限，其僅錄釋文或雖摹原文而變其行款大小者，皆不採錄"，所以此書不能反映清代金文著錄的實際。因此在 1931 年，也就是《國朝金文著錄表》刊行後的十七年，羅振玉命其子羅福頤對該書進行修訂和增補，羅福頤於 1933 年編成《三代秦漢金文著錄表》和《國朝金文著錄表校記》，其後，羅福頤又整理清宮藏器，編寫了《內府藏器著錄表》，② 對"西清四鑒"著錄的青銅器進行了初步的整理。容庚於 1929 年編成《西清金文真偽存佚表》，③ 對"西清四鑒"收錄的青銅器的真偽存佚加以審定。鮑鼎也在王表的基礎上編訂了《國朝金文著錄表補遺》和《國朝金文著錄表校勘記》，④ 可惜的是，王、羅、鮑三家採錄的清代金文專著都不全，都沒有採錄方濬益的《綴遺齋彝器款識考釋》，⑤ 而此書是晚清金文著錄中較重要的著作，無論所收青銅器的數量還是考釋水平，幾乎都可以代表清代金文著錄的最高水平，以致至今對清代著錄的金文也沒有一個準確的數字。⑥ 最後一部

---

① 郭沫若：《殷周青銅器銘文研究·序》，人民出版社 1958 年版，第 3 頁。
② 依據墨緣堂 1933 年石印本。
③ 容庚編：《西清金文真偽存佚表》，《燕京學報》1929 年第 5 期。
④ 此依據 1931 年石印本。
⑤ 此書作者去世時（光緒二十五年，1899）尚未完稿，民國二十四年（1935）商務印書館出版的石印本是作者的未完稿，以致郭沫若編纂《兩周金文辭圖錄考釋》時未見其全書，王、羅、鮑至多見過手稿，故未能採錄此書。
⑥ 劉雨、沈丁、盧岩、王文亮編：《商周金文著錄總表》（中華書局 2008 年版）中收錄的清代著錄的商周戰國有銘青銅器數量為 2728 件。

對清代著錄進行整理的專書是劉雨編纂的《乾隆四鑒綜理表》，① 其內容是，先列現定器名，然後列出原有器名、字數、時代、著錄情況、釋文，最後有備註，主要說明出土地、現藏地以及真偽情況。

至此，針對清代著錄青銅器的整理工作就告一段落了，後來還有對青銅器著錄加以統計和整理的專著，如孫稚雛的《金文著錄簡目》、容媛的《金石書錄目》、容庚的《寶蘊樓彝器圖錄》《秦漢金文錄》《頌齋吉金圖錄》《武英殿彝器圖錄》《海外吉金圖錄》《善齋彝器圖錄》等等，皆非整理清代著錄的專著，在此不予論列。

1962 年，容庚撰寫《清代吉金書籍述評》② 一文，選擇清代官方和個人著錄專書二十四種加以評述，這二十四種書籍是：《西清古鑒》《寧壽鑒古》《西清續鑒甲編》（西甲）、《西清續鑒乙編》（西乙）、《十六長樂堂古器款識考》《懷米山房吉金圖》《長安獲古編》《兩罍軒彝器圖釋》《攀古樓彝器款識》《恆軒所見所藏吉金錄》《陶齋吉金錄》（有續錄和補遺）、《椶林館吉金圖識》《商周文拾遺》《積古齋鐘鼎彝器款識》《清愛堂家藏鐘鼎彝器款識法帖》《筠清館金文》《從古堂款識學》《敬吾心室彝器款識》《商周彝器釋銘》《攗古錄金文》《愙齋集古錄》《綴遺齋彝器款識考釋》《古文審》《奇觚室吉金文述》。每部著作先列其作者和版本情況，然後介紹成書經過，所收青銅器的種類及數量，著錄體例、繪圖情況、排比方法以及銘文考釋之得失，對刻本的流轉與收藏間作介紹。容氏對銘文考釋的評價尤其精審，堪稱評價清代金文著作的經典之作。1993 年，曾憲通作《清代金文研究概述》③ 介紹清代金文著作近三十種，作者二十餘家。曾氏將清代金文研究分為三個階段，提出四個方面的問題並分析其形

---

① 劉雨編：《乾隆四鑒綜理表》，中華書局 1989 年版。
② 該文分兩次發表于《學術研究》1962 年第 2、3 期。
③ 曾憲通：《清代金文研究概述》，《第一屆國際暨第三屆全國清代學術研討會論文集》，高雄，1993 年。

成原因。1999年李海榮作《清代的青銅器研究》,① 大致分析清代金文學勃興的原因,並對主要作品進行介紹、分析和評價。該文主要是從考古學的角度介紹清代青銅器研究概況,對文字考證分析不多。同年,趙誠作《晚清的金文研究》,② 從六個方面介紹晚清金文研究的概況、特色及其對後代的影響。

針對某位學者或某一著作作的單方面研究的作品還有徐和雍的《論孫詒讓》,③ 楊樹達的《讀吳中丞〈字說〉書後》《讀〈綴遺齋彝器考釋〉》《讀〈奇觚室吉金文述〉》《讀〈窓齋集古錄〉》等四篇,④ 王永誠的《先秦彝銘著錄考辨》,⑤ 胡奇光的《小學後殿孫詒讓與古文字學》⑥ 林葉蓮的《〈說文古籀補〉研究》,⑦ 裘錫圭的《吳大澂》《孫詒讓》《談談孫詒讓的〈契文舉例〉》與《談談清末學者利用金文校勘〈尚書〉的一個重要發現》等四篇文章,⑧ 陳暐仁的《孫詒讓的金文學》,⑨ 杜迺松的《孫詒讓在甲骨金文研究上的貢獻》,⑩ 蔡哲茂的《方濬益的金文研究和成就》,⑪ 陳偉武的《試論晚清學者對傳鈔古文的研究》,⑫ 張光裕的《簠齋先生金文辨偽集說》,⑬ 吳浩坤

---

① 李海榮:《清代的青銅器研究》,《文物季刊》1999年第2期。
② 趙誠:《晚清的金文研究》,《第二屆國際清代學術研討會論文集》,高雄,1999年。
③ 徐和雍:《論孫詒讓》,《杭州大學學報》1988年第4期。
④ 楊樹達:《讀吳中丞〈字說〉書後》《讀〈綴遺齋彝器考釋〉》《讀〈奇觚室吉金文述〉》《讀〈窓齋集古錄〉》,均見氏著《積微居小學述林》,中華書局1983年版。
⑤ 王永誠:《先秦彝銘著錄考辨》,博士學位論文,臺灣師範大學,1978年。
⑥ 胡奇光:《中國小學史》,上海人民出版社1987年版,第335—343頁。
⑦ 林葉蓮:《〈說文古籀補〉研究》,碩士學位論文,臺灣文化大學,1984年。
⑧ 裘錫圭:《文史叢稿》,上海遠東出版社1996年版,第158—188頁。
⑨ 陳暐仁:《孫詒讓的金文學》,碩士學位論文,臺灣大學,1996年。
⑩ 杜迺松:《孫詒讓在甲骨金文研究上的貢獻》,《學林漫錄》第六集,中華書局1997年版。
⑪ 蔡哲茂:《方濬益的金文研究和成就》,《第一屆國際暨第三屆全國清代學術研討會論文集》,高雄,1993年。
⑫ 陳偉武:《試論晚清學者對傳鈔古文的研究》,《第二屆國際清代學術研討會論文集》,高雄,1999年。
⑬ 張光裕:《簠齋先生金文辨偽集說》,《第二屆國際清代學術研討會論文集》,高雄,1999年。

的《孫詒讓與古文字研究》,① 陳煒湛的《清代傑出的古文字學家吳大澂》,② 葉純芳的《孫詒讓〈名原〉研究》,③ 俞紹宏的《吳大澂古文字研究局限性述略》《吳大澂的古文字考釋成就》《〈說文古籀補〉研究》與《試述吳大澂對青銅器的分域斷代研究》④ 等四篇文章,還有程邦雄的《孫詒讓文字學之研究》,⑤ 程邦雄、陳曉紅、金鍾鐥的《孫詒讓的甲骨文考釋與金文》⑥ 以及吳濟仲的《晚清金文學研究》。⑦ 吳文研究的時間範圍為晚清,大體上是從同治元年(1862)至光緒末年(1908)約四十年間的研究狀況,著重介紹陳介祺、潘祖蔭、方濬益、吳大澂、孫詒讓和劉心源等六位文字學家在金文研究方面的成就。

二 選題意義

清代是中國文字學研究史上最為關鍵的時代,也是對後世影響最為深遠的時代。這一時期傑出的學術成就,直接影響著民國之後直至今天的金文學發展。筆者於 2008 年撰寫碩士論文《河南淅川下寺春秋楚墓青銅器銘文集釋》時,首次接觸清代金文學著作,常感喟於其繪圖之精美、考證之翔實。當時對其印象最為深刻的,是清代學者考證金文時顯示出的出色的文獻功底和精當而富有特色的語言風格。2009 年春,開始對清代金文著錄進行搜集和整理,在此過程中逐漸

---

① 吳浩坤:《古史探索與古籍研究》,貫雅文化事業有限公司 1990 年版,第 165—176 頁。
② 陳煒湛:《清代傑出的古文字學家吳大澂》,《古文字研究》第 20 輯,中華書局 2000 年版。
③ 葉純芳:《孫詒讓〈名原〉研究》,碩士學位論文,東吳大學,1999 年。
④ 俞紹宏:《吳大澂古文字研究局限性述略》,《寧夏大學學報》(人文社會科學版)2007 年第 5 期;《吳大澂的古文字考釋成就》,《南開語言學刊》2009 年第 2 期;《〈說文古籀補〉研究》,博士學位論文,安徽大學,2006 年;《試述吳大澂對青銅器的分域斷代研究》《中國古代社會與思想文化研究論集(二)》,黑龍江人民出版社 2007 年版。
⑤ 程邦雄:《孫詒讓文字學之研究》,博士學位論文,華東師範大學,2004 年。
⑥ 程邦雄、陳曉紅、金鍾鐥:《孫詒讓的甲骨文考釋與金文》,《語言研究》2008 年第 10 期。
⑦ 吳濟仲:《晚清金文學研究》,博士學位論文,臺灣師範大學,2001 年。

感覺到，清代的金文學研究在中國文字學發展史上有著舉足輕重的地位。餘風所及，民國金文學家所取得的成就，以及民國以後金文學轉向新的研究潮流，與清代後期金文學的發展和貢獻有著密切的關係，其影響力是非常深遠的。容庚編寫《金文編》，就曾受吳大澂《說文古籀補》相當大的影響。① 更重要的，晚清學者正確認識了文字的演變過程，從此走向科學的研究道路，二十世紀以後的古文字研究，正是從這裏起步。

通過上一節的敘述可知，以往對清代金文學成就所作的研究可以分為四類，其一，資料的整理與統計；其二，對某位學者學術成就的介紹與總結；其三，對某一著作進行考訂與評價；其四，概述性綜合研究。只有吳濟仲的博士論文《晚清金文學研究》是全方位的綜合研究，但其研究範圍不是整個清代，因此，對清代金文學作全面的、整體性的梳理與綜合考察仍有必要。本文以全面評價清代金文學的學術成就為目的，並希望通過本題的研究彌補以往對清代金文學研究之不足，同時期待引發日後學者對本題的關注。

本研究主體內容可概括如下：

第一，對清代金文研究作整體回顧和分析，分析清代金文學發展的原因，找出推動其發展的外部環境與內在力量，厘清這一時期金文學發展的脈絡。

第二，對清代金文著錄作詳盡的介紹和評價，以便對清代金文學著作有更加客觀明確的認識。

第三，對清代金文考釋成就和考釋方法作全面考察，闡述其得失，並探究其原因。

第四，介紹清代青銅器分類定名與斷代研究情況，探討青銅器斷代方法，分析其成就與不足。

第五，論述晚清金文學的成就和對後世的影響。

---

① 吳濟仲：《容庚之金文學研究》，碩士學位論文，臺灣師範大學，1997 年。

清代末期的古文字研究，基本上擺脫了宋代以來直至清代前期的臆測之風，走向實事求是的科學途徑，這是文字學研究史上一個重要的轉折點。① 本書的研究，除了全面介紹和評價清代金文學研究成果之外，還將把清代金文研究放在文字學歷史中，透過清代學者的輝煌成就，認清其在整個文字學史上的地位與貢獻，為以後學者提供一點幫助。這是本題研究的終極意義所在。

第二節　研究範圍

一　研究階段的界定

本書是有關清代的金文研究，從理論上講，時間跨度應該是順治元年（1644）清軍入關至宣統三年（1911）武昌起義爆發，宣統皇帝於次年2月12日正式退位這個時期。然而，政治上的王朝更迭對學術研究雖有影響，但並無絕對的關聯，學術研究往往根據其自身的發展特點劃定界限，有自己的標誌。學術研究一般是將政治上的分期作為其時間上的參照。關於清代金石學研究的起點，梁啟超認為"自顧炎武著《金石文字記》，實為斯學濫觴"②，《金石文字記》是顧炎武一生中唯一一部金石學專著，其撰寫時間大致是清順治十三年（1656）到康熙十八年（1679）這段時間。其後有汪立名於清康熙五十五年（1716）編著的《鐘鼎字源》，此書也有些金文研究的特點，兩部書都著於清代早期，可是，當代學術界一般認為，清代金文學的興起是以清高宗敕編"西清四鑒"為開端。本書研究對象的時間範圍上限是清楚的，如果不以公元年份表述自己研究上限的話，③ 那麼可以這樣講，本書的研究從"西清四鑒"開始，將顧炎武的《金石

---

① 于省吾：《從古文字學方面來評判清代文字、聲韻、訓詁之學的得失》，《歷史研究》1962年第6期。
② 梁啟超：《清代學術概論》第十六節，上海古籍出版社1995年版。
③ 從以上分析可知，機械地按照時間來給學術史分期不科學，所以如此表述。

文字記》和汪立名的《鐘鼎字源》兩部書當作清代金文學形成背景作一回顧。

本題研究時間的下限需要作必要的說明。有的學者排除其幼年和晚年，主要學術活動時期跨越晚清和民國，本來，把他們當作晚清學者來研究並無不妥，但從另一角度講，學者一生研究成果本不能割裂，探討其晚清時期的學術成就勢必涉及不屬於清代的那部份，況且，學者對某一具體問題的研究跨越兩個時代也是完全有可能的，哪些成果屬於清代，哪些屬於民國，有時難以界定，這樣會造成很多不便。所以，本書研究下限至吳大澂（1835—1902）、孫詒讓（1848—1908）和劉心源（1848—1915），不包括羅振玉（1866—1940）和王國維（1877—1927）。

二　研究內容的界定

本書題為《清代金文研究綜論》，研究對象是清代以金文為研究對象的研究。有的著作在當時雖有學術上的標誌意義，比顧炎武的《金石文字記》，但對金文研究本身並無太大影響，又因其以收錄石刻為主，所以不論。汪立名的《鐘鼎字源》標誌著清代金文學的復甦，可是水平不高，故不詳細闡述。被譽為"說文四大家"的段玉裁、朱駿聲、桂馥和王筠等，都曾利用金文來研究《說文》，他們逐漸發現金文不僅可以證補《說文》，而且還可以校正《說文》之誤，段玉裁云：

> 許氏以後，三代器銘之見者日益多，學者摩挲研究，可以通古六書之條理，為六經輔翼。①

可見其對金文的重要價值是有所認識的。但段玉裁、朱駿聲、桂馥和王筠平生皆未曾精研金文，更無專著，只是偶爾引用金文作證明

---

① 段玉裁：《薛尚功歷代鐘鼎彝器款識法帖二十卷寫本書後》，《段玉裁遺書》下冊《經韻樓集》卷七，大化書局1977年版，第5—6頁。

材料，故不將此類著作列入研究對象。此外，因為本題研究對象是清代金文研究，所以清代金文著作所收無銘銅器只作數量上的統計。清代對漢代以後有銘青銅器的著錄、釋讀與考證，因其已經不具備古文字研究的性質，故亦排除在本題研究之外，本研究的材料來源以商代為上限，以秦代（包括秦代）為下限。

按照傳統的經、史、子、集四部的分法，金石著作一般歸於史部。但是，我們研究金文學，需要的是對金文學著作進行的再分類。

南宋鄭樵（1104—1162）著《通志》，在史部裏面單列金石一類，將北宋的金文著作分為四類，即目錄之屬、圖像之屬、文字之屬、義例之屬。鄭樵的分類大體上奠定了金文學著作分類的基礎，當今學術界使用的分類基本上承襲了鄭氏的框架。南宋晁公武（生卒年不詳）首先意識到金文著作和文字學的關係，在《郡齋讀書志》中，將北宋金石書籍歸於小學類，這標誌著對金石學本質的認識已經形成，有著特殊意義。《四庫全書》將宋代金文學著作歸於經、史、子三部中，此種分類方法照顧到了金文學著作各自特點，但同時忽略了其整體性和相關性。清代張之洞著《書目答問》在史部中單列金石一門，分目錄之屬、圖像之屬、文字之屬、義例之屬，張氏除了將薛尚功的《歷代鐘鼎彝器款識法帖》歸入小學類之外，與鄭樵的分類和命名完全一致。王國維在《宋代金文著錄表》中，按內容和體例將宋代金文著作分為三大類，王氏云：

> 與叔（呂大臨）之圖，宣和之錄，既圖其形，複摹其款，此一類也；《嘯堂集古》，薛氏《法帖》，但以錄文為主，不圖原器之形，此二類也；歐陽金石之錄，才甫（張掄）《古器》之評，長睿（黃伯思）《東觀》之論，彥遠（董逌）《廣川》之跋，雖無關圖譜，而頗為名目，此三類也。①

---

① 王國維輯錄、容庚重編：《宋代金文著錄表》，《北平北海圖書館月刊》1928 年第 1 卷第 5 號。

王國維所作的分類是描述性的，沒有為這三個類別命名，但所指很明確。這三個類別大體相當於我們現在所說的圖像類，文字類和通考類。

　　容媛輯錄的《金石書錄目》將金文學著作分為七類，即：目錄之屬、圖像之屬、文字之屬、通考之屬、題跋之屬、字書之屬和雜著之屬，詳細而完備，但文字之屬和字書之屬有些界限不清。陸和九《中國金石學講義》將金石學著作分為四類：目錄學、圖譜學、考據學和校勘學。需要說明的是，陸和九的分類不是針對金文學專著，每一類裏都包括石刻著作。孫稚雛將其分為四類：一、圖錄類，以《考古圖》《博古圖錄》為代表，每器繪圖，摹寫銘文，記載其大小、容量、重量及出土地、收藏者等。二、款識類，以《歷代鐘鼎彝器款識》《嘯堂集古錄》《鐘鼎款識》為代表，僅摹銘文，接著列出釋文和考釋。三、考釋類，以《集古錄跋尾》《金石錄》為代表，只考釋銘文，描述形狀。其四、字典類，以《考古圖釋文》《鐘鼎篆韻》《廣鐘鼎篆韻》為代表。① 馬承源著《中國青銅器》，將金文學著作分為三類，第一類是圖文並錄，第二類是專錄銘文並進行釋文和考證，第三類是專論和跋尾。

　　一般情況下，分類會隨著學科的發展而變得逐漸細微，對金文學書籍的分類也有這個趨勢。分類不僅是為了表述的方便，更重要的是總結以往研究的特色和成就，將以往的著述劃分出類別，更有助於人們對它的認識。"書之不明，類例之不分，不知為專門之書，斯不知為專門之學矣。"② 這裏介紹清代的金文學書籍，自然不能迴避分類問題。我們參照以往各家之說，按照金文學著作的內容和體例，將其分為以下五類：

　　其一，圖像類。描繪圖形，摹寫款識，有的還給出釋文並加以考

---

① 孫稚雛：《青銅器論文索引·後敘》，中華書局1986年版，第196頁。
② 容媛輯、容庚校：《金石書錄目》，"中研院"歷史語言研究所1992年版，第3頁。

證。以"西清四鑒"、《十六長樂堂古器款識考》和《長安獲古編》為代表。

其二，文字類。不描繪圖形，對銘文摹本或拓本進行釋文和考證。以《積古齋鐘鼎彝器款識》《筠清館金文》和《綴遺齋彝器款識考釋》為代表。爲了表述的方便，本書中我們將無器物圖，基本不摹銘文，僅作銘文考釋著作，如《古籀拾遺》《古籀餘論》也歸入此類。

其三，目錄類。集某家或某地銅器收藏，分類列出所藏器物名稱。以《簠齋藏器目》《攀古樓藏器目》和《窓齋藏器目》為代表。

其四，字書類。搜集單字，考證字義，分析其來源和演變。以《說文古籀補》《字說》和《名原》為代表。

其五，雜著類。不能歸入以上四類的銘文考釋、序跋和尺牘等。

作為我們研究對象的書目和文章篇目的來源主要依據以下文獻：

1. 王國維：《國朝金文著錄表》，文海出版社 1974 年版。

2. 羅福頤：《三代秦漢金文著錄表》《國朝金文著錄表校記》，1933 年墨緣堂石印本。

3. 鮑鼎：《國朝金文著錄表補遺》《國朝金文著錄表校勘記》，1931 年石印本。

4. 孫稚雛：《金文著錄簡目》，中華書局 1981 年版。

5. 容媛：《金石書錄目》，大通書局 1974 年版；《金石書錄目補編》，1953 年手寫油印本。

6. 容庚：《寶蘊樓彝器圖錄》，北平內務部古物陳列所 1929 年版；《秦漢金文錄》，"中研院"歷史語言研究所 1992 年影印版；《清代吉金書籍述評》，《學術研究》1962 年第 2 期、第 3 期。

7. 中國社會科學院考古研究所編：《殷周金文集成》之《銘文說明》，《殷周金文集成》（修訂增補本），中華書局 2007 年版。

8. 劉志成：《中國文字學書目考錄》，巴蜀書社 1997 年版。

9. 劉慶柱、段志洪主編：《金文文獻集成》，線裝書局 2005

年版。

10. 劉雨、沈丁、盧岩、王文亮編：《商周金文著錄總表》，中華書局 2008 年版。

統計出的清代金文著作如下（雜著類包括銘文考釋、序跋和尺牘等，因數量過多不一一列出）：

1. 圖像類：

西清古鑒	清高宗敕編
寧壽鑒古	清高宗敕編
西清續鑒（甲編）	王傑等
西清續鑒（乙編）	王傑等
十六長樂堂古器款識考	錢坫
金石索（節錄）	馮雲鵬、馮雲鵷
求古精舍金石圖	陳經
懷米山房吉金圖	曹載奎
清儀閣所藏古器物文	張廷濟
長安獲古編	劉喜海
二百蘭亭齋收藏金石記	吳雲
攀古樓彝器款識	潘祖蔭
兩罍軒彝器圖釋	吳雲
恆軒所見所藏吉金錄	吳大澂
荊南萃古編	周懋琦等
陶齋吉金錄	端方
陶齋吉金續錄（附補遺）	端方
槲林館吉金圖識	丁麟年

2. 文字類：

山左金石志	畢沅、阮元
商周文字拾遺	吳東發

積古齋鐘鼎彝器款識	
（附政和禮器文字考）	阮元
古籀拾遺	孫詒讓
從古堂款識學	徐同柏
積古齋鐘鼎款識稿本	朱為弼
攈古錄金文	吳式芬
古文審	劉心源
清愛堂家藏鐘鼎彝器款識法帖	劉喜海
筠清館金文	吳榮光
藝海樓金石文字	顧沅
張叔未解元所藏金石文字	張廷濟
張叔未解元所藏金石文字	張廷濟
愙齋集古錄	吳大澂
愙齋集古錄釋文賸稿	吳大澂
愙齋集古錄校勘記	鮑鼎
敬吾心室彝器款識	朱善旂
古籀餘論	孫詒讓
詁籀誃吉金彝器款識	方濬益
奇觚室吉金文述	劉心源
鼎堂金石錄	吳樹生
綴遺齋彝器款識考釋	方濬益
鬱華閣金文	盛昱
簠齋吉金錄	陳介祺、鄧實

3. 目錄類：

張叔未寫清儀閣集古款識	張廷濟
陳簠齋寫東武劉氏款識	陳介祺
簠齋藏古目	陳介祺
簠齋藏古目並題記	陳介祺

長安獲古編	胡琨
攈古錄	吳式芬
讀雪齋金文目手稿	孫汝梅
抱殘守缺齋藏器目	鮑鼎
潛研堂金石文字目錄	錢大昕
積古齋藏器目	阮元
平安館藏器目	葉志詵
清儀閣藏器目	張廷濟
簠齋藏器目	陳介祺
簠齋藏器目（其二）	陳介祺
懷米山房藏器目	曹載奎
嘉蔭簃藏器目	劉喜海
雙虞壺齋藏器目	吳式芬
石泉書屋藏器目	李佐賢
兩罍軒藏器目	吳雲
木菴藏器目	程振甲
梅花草盦藏器目	丁彥臣
選青閣藏器目	王錫榮
愛吾鼎齋藏器目	李璋煜
愙齋藏器目	吳大澂

4. 字書類：

說文古籀補	吳大澂
字說	吳大澂
名原	孫詒讓

5. 雜著類（銘文考釋、序跋和尺牘等）

作為研究對象，以專著為主，有必要時再參閱相關書籍或單篇文章。另外，晚清金文學者的部分著作是作者去世後整理成書刊行的，如方濬益的《綴遺齋彝器款識考釋》，方氏生前沒有完成，① 1935 年才得以印行，再如陳介祺的《簠齋吉金錄》，是陳氏逝世後由鄧實等整理刊行的，這些當然也在研究之列。

第三節　清代以前的金文研究

一　兩漢

　　上古商周開始，我國進入青銅器鑄造的鼎盛時期。秦漢以後，青銅器陸續出土，漢許慎《說文解字·序》云："郡國亦往往於山川得鼎彝"，指的就是發現青銅器的情況。此後陸續發現的青銅器，史書亦有記載，《漢書·武帝紀》記漢武帝元鼎元年"得鼎汾水上"；五年六月"得寶鼎後土祠旁"。《漢書·郊祀志》記宣帝時"美陽得鼎"。《後漢書·明帝紀》記和帝永平六年"王山雒出寶鼎，廬江太守獻之"。又《後漢書·竇憲傳》記單于"遺憲古鼎，容五斗。其傍銘曰：'仲山甫鼎，其萬年子子孫孫永寶用'。憲乃上之"。但由於當時出土青銅器數量有限，從漢至唐的一千二百多年裏，對青銅器研究工作都是零星進行的，沒有形成規模，也沒有人對其進行專門的搜集和整理，見於文獻記載的也只有不足二十件。② 唐蘭指出："漢以後，雖曾發現銅器，像孔悝鼎、尸臣鼎、仲山甫鼎之類，但不多見，所以沒有人去搜集那種文字。《說文·序》裏雖提鼎彝，卻沒有採用一字。"③ 漢代出土的青銅器，也曾有人做過釋讀。《漢書·郊祀志》記載：

　　　　是時（宣帝時），美陽得鼎，獻之。下有司議，多以為宜薦

---

　　① 方濬益卒於光緒二十五年（1899）。
　　② 方濬益在《綴遺齋彝器考釋·卷首》之《彝器說·考藏》中，詳細列舉漢至唐出土的青銅器。商務印書館 1935 年石印本。
　　③ 唐蘭：《古文字學導論》，齊魯書社 1981 年版，第 39 頁。

見宗廟，如元鼎時故事。張敞好古文字，桉鼎銘勒而上議曰："臣聞周祖始乎后稷，后稷封於斄，公劉發跡於豳，大王建國於郊梁，文武興於酆鎬。由此言之，則郊梁豐鎬之間周舊居也，固宜有宗廟壇場祭祀之臧。今鼎出於郊東，中有刻書曰：'王命尸臣：官此栒邑，賜爾旂鸞黼黻琱戈。尸臣拜手稽首曰：敢對揚天子丕顯休命。'臣愚不足以跡古文，竊以傳記言之，此鼎殆周之所以褒賜大臣，大臣子孫刻銘其先功，臧之於宮廟也。昔寶鼎之出於汾脽也，河東太守以聞，詔曰：'朕巡祭后土，祈為百姓蒙豐年，今穀嗛未報，鼎焉為出哉？'博聞耆老，意舊臧歟？誠欲考得事實也。有司驗脽上非舊臧處，鼎大八尺一寸，高三尺六寸，殊異於眾鼎。今此鼎細小，又有款識，不宜薦見於宗廟。"制曰："京兆尹議是。"

張敞所言"此鼎殆周之所以褒賜大臣，大臣子孫刻銘其先功，臧之於宮廟也"，可以說，對其性質和用途的認定完全正確。最值得注意的是張敞所釋"賜爾旂鸞黼黻琱戈"，"拜手稽首"以及"敢對揚天子丕顯休命"等用語，後世出土的銘文中亦常見，可見所釋大致正確。至於張敞的釋讀方法已很難確知，但當時出土古文字文獻所見不多，很難利用足夠的材料加以互證，釋讀金文就只能靠與當時通行的文字和典籍相對照了。

以上列舉的記載青銅器出土的文獻都在《說文解字》成書之前。《說文》將小篆作為標準字體，此外還收錄籀文，所以《說文》有明顯的古文字研究性質。① 然而就《說文·序》裏雖提鼎彝卻不採用金文來看，當時尚未形成以此為研究對象的學術氛圍。"其學濫觴於漢，歷魏、晉、六朝、隋、唐而稍稍演進。惟其見於當時之著錄者，大抵一鱗片甲，猶未足以言學也。"② 這種評價是相當準確的。

---

① 裘錫圭：《古文字學簡史》，《文史叢稿》，上海遠東出版社1996年版，第141頁。
② 朱劍心：《金石學》之《序例》，文物出版社1981年版，第1頁。

二 宋代

1. 宋代的金文學著作

真正的金文學研究進入宋朝以後才逐漸盛行，可以將北宋看作金文研究的肇端時期。王國維指出：

> 金石之學，創自宋代，不及百年，已達完成之域。原其進步所以如是速者，緣宋自仁宗以後，海內無事，士大夫政事之暇，得以肆力學問。其時哲學、科學、史學、美術，各有相當之進步，士大夫亦各有相當之素養，賞鑒之趣味，與研究之趣味，思古之情，與求新之念，互相錯綜。……其對古金石之興味，亦如其對書畫之興味，一面賞鑒的，一面研究的也。漢唐元明時人之於古器物，絕不能有宋人之興味，故宋人於金石書畫之學，乃陵跨百代。近世金石之學復興，然於著錄考訂，皆本宋人成法，而於宋人多方面之興味，反有所不逮，故雖謂金石學，為有宋一代之學無不可也。①

方濬益在《綴遺齋彝器考釋》卷首《彝器說·考藏》篇中云：

> 先秦古器，世知寶貴，由來舊矣。自呂氏《考古圖》備列寇萊公、文潞公以下收藏三十餘家，而劉、薛二王裒集諸器，亦皆宋時所出。元、明之世，好古不乏，而纂錄無聞，故世恆謂收藏古器自宋人，而鐘鼎之學亦於斯為盛，其信然乎。②

北宋王朝"崇文抑武"的治國理念和在政治上重建禮制的需要為學術研究提供了充分的條件，再加上疑古創新思潮的流行，學術研究

---

① 王國維：《宋代之金石學》，《國學論叢》1973 年第 1 卷第 3 號。
② 方濬益：《綴遺齋彝器考釋》卷首，商務印書館 1935 年石印本。

達到了空前的繁榮。陳寅恪云:"華夏民族之文化,歷數千載之演進,造極於趙宋之世。"①

當時統治者為了維護統治,大力恢復禮制、提倡儒教,最終導致漢唐時期對於古代鐘鼎彝器石刻的迷信崇拜心理隨著古代器物不斷出土流散而被逐漸打破,此外社會經濟逐步繁榮,文化傳播手段的進一步發展,尤其唐代完善的墨拓技術及刻板印刷技術,為金石著錄及傳播提供了物質基礎。宋人已經擺脫崇拜銅器的心理,將其作為學術研究對象而正式進入研究的階段。陸和九云:

> 蓋當時王君提倡於上,好事者相與搜藏於下,加之地不愛寶,名山大川古器時出,得之者莫不究其文字編為目錄,撫其形狀集為圖譜。宣、政兩朝雅重金文,歐、趙諸家兼及石刻,傳書具在,無庸贅述。近人謂宋為金器復古時代,又謂之金石學發達時代,趣哉言也。②

由於王朝的提倡,古器物的收藏和玩賞成為一時風尚,形成了好古收藏的風氣。"北宋以後,高原古冢,搜獲甚多,始不以古器為神奇祥瑞,而或以玩賞加之,學者考古釋文日益精核。"③ 據呂大臨《考古圖》和趙九成《續考古圖》的記載,除了政府及寺院,光是私人收藏有六十家。此種古物收藏和愛護鑑賞的風氣,直接影響到日後直至清代的金文學者。地下出土的青銅器到宋代才揭開其神祕的面紗,而逐漸成為學術研究的對象,是金文學史上的一個轉折點。鄭樵云:

---

① 陳寅恪:《金明館叢稿二編》之《鄧廣銘〈宋史職官志考證〉序》,上海古籍出版社1980年版,第245頁。
② 陸和九:《中國金石學》,中國書店1981年版,第298頁。
③ 阮元:《積古齋鐘鼎彝器款識》,《商周銅器說》下篇,嘉慶九年(1804)自刻本,第2—4頁。

惟有金石所以垂不朽。今列而為略，庶幾式瞻之道猶存焉。且觀晉人字畫，可見晉人之風猷，觀唐人書蹤，可見唐人之典則，此道後學安得而捨諸！三代而上，惟勒鼎彝。秦人始大其制而用石鼓，始皇欲詳其文而用豐碑。自秦迄今，惟用石刻。散佚無紀，可為太息，故作《金石略》。①

但是，宋代金石學的研究重點在"石"而不在"金"，唐蘭把宋代金石學分成兩派：講金石的一派，總是石多於金，和古文字的關係較少。考古一派，專講古器物。② 但我們不能以此否認宋朝奠定了金石學基礎甚至影響到日後晚清的金文學研究的事實。

"從現有的資料來看，搜集、收藏、著錄銘文並不始於北宋宣和年間，但卻盛於宣和年間以及南宋時期。"③ 目前的文獻資料顯示，宋代真正的青銅器研究，大約始於真宗時。北宋咸平三年（1000），乾州獻古銅鼎，皇帝詔儒臣對其考證。其銘文的考證雖然無大成就，但已經具有學術意味。到了北宋末年，學者們開始注意到銅器上的銘文。嘉祐年間（1056—1063），劉敞在長安收集、著錄古器物，撰《先秦古器圖》，開啟私人收藏、著錄青銅器的先河。容庚云：

> （劉）敞博學好古，為文尤贍敏。嘗得先秦鼎彝十數器，銘識奇奧，皆案而讀之，因以考知三代制度。時歐陽修方集錄古文，敞乃摹其銘刻以遺之。修撰《集古錄》，自周武王以來皆有者，多得于敞也。④

其後又有歐陽修，收集五代以前刻石拓本一千卷，撰跋四百餘篇

---

① 鄭樵：《通志略》，上海古籍出版社 1990 年版，第 734 頁。
② 唐蘭：《古文字學導論》，齊魯書社 1981 年版，第 42—43 頁。
③ 趙誠：《二十世紀金文研究述要》，書海出版社 2003 年版，第 4 頁。
④ 容庚：《宋代吉金書籍述評》，《頌齋述林》，翰墨軒出版有限公司 1994 年版，第 32 頁。

編成《集古錄》，劉敞所搜集的古器皆收納其中。"開收藏古器物的風氣的人是劉敞，而首先集錄古器物和石刻銘拓的人是歐陽修"。① 只可惜其書不傳，只有跋於諸卷之尾而編訂的《集古錄跋尾》十卷傳世。② 這些努力對於日後金文學研究起了倡導的作用。王國維在談到宋代金文研究情形時，曾做過如下論述：

  趙宋以後，古器愈出，祕閣太常既多藏器，士大夫如劉原父、歐陽永叔輩，亦復蒐羅古器，徵求墨本。復有楊南仲輩為之考釋，古文之學勃焉中興。伯時、與叔復圖而釋之，政、宣之間，流風益熾。《籀史》所載著錄金文之書至三十餘家，南渡後諸家之書猶多不與焉，可謂盛矣。③

  宋代的學者開始注意到銅器銘文的通讀和考釋，進而一大批著作相繼問世。有文獻記載的宋代金石學者及其著作，據《金石書錄目》記載，有二十二人，著作二十九種。④ 容庚《宋代吉金書籍述評》中所收書目共有流傳至今八種，已佚十二種。流傳至今八種分別是：《考古圖》十卷，呂大臨（與叔）著；《考古圖釋文》一卷，呂大臨（與叔）撰；《續考古圖》五卷，趙九成著；《博古圖錄》三十卷，徽宗敕撰；《歷代鐘鼎彝器款識法帖》二十卷，薛尚功（用敏）著；《嘯堂集古錄》二卷，王俅（子弁）著；《鐘鼎款識》一卷，王厚之（順伯）輯；《紹興內府古器評》二卷，張掄（才甫）著。已佚十二種分別是：《周秦古器銘碑》一卷，僧湛洤著；《皇祐三館古器圖》，楊元明（南仲）釋；《先秦古器圖》一卷，劉敞（原父）著；《古器

---

① 唐蘭：《古文字學導論》，齊魯書社1981年版，第42頁。
② 劉昭瑞：《宋代著錄商周青銅器銘文箋證·代序》，中山大學出版社2000年版，第2頁。
③ 王國維：《宋代金文著錄表序》；見王國維輯錄、容庚重編《宋代金文著錄表》，《北平北海圖書館月刊》1928年第1卷第5號。
④ 容媛輯、容庚校：《金石書錄目》，"中研院"歷史語言研究所1992年版。

圖》，胡俛（公謹）著；《考古圖》五卷，李公麟（伯時）著；《周鑒圖》一卷，李公麟（伯時）著；《博古圖說》十一卷，黃伯思（長睿）著；《古器物銘碑》十五卷，趙明誠（德父）著；《晏氏鼎彝譜》一卷，晏溥（慧開）著；《紹興稽古錄》二十冊；《鐘鼎篆韻》七卷，王楚著；《廣鐘鼎篆韻》七卷，薛尚功（用敏）著。馬曉風統計的結果是現存著作十五種，已佚著作二十七種。①

需要注意的是，以上統計數字的不同只是取捨標準的問題，有些著作著錄的石刻佔主體，青銅器只有幾件，有的研究者便不把它列入其中。關於宋代著錄青銅器的數量，據《宋代金文著錄表》②的統計，著錄古銅器二十九類，四百九十六器，附錄一百四十器，共六百三十六器。張亞初編訂《宋代所見金文著錄表》③收宋人著錄有銘文器目共五百八十九條。

關於著作的體例，宋代已經基本確立，清代金文著錄大體承襲了宋人開創的套路，這是宋代金文著作的一大貢獻。唐蘭在宋人著錄體例的基礎上提出理想中的古器著錄表：

> 著錄之方法，於每器下，分名稱，形式，流傳、著錄、考證五目。名稱當別為兩項，（一）標準名，（二）別名。形式當別為體質，顏色，形制，重量，尺寸，花紋，銘式，字數等項。流傳當分出土，收藏二項。著錄當分錄目，圖形，摹銘，照像，原拓五項，每一書必記卷頁，且用符號標明木板或影印，或拓工及印刷之精粗。考證則分時代及地域，雜記三項。④

---

① 馬曉風：《宋代金文學研究》，博士學位論文，陝西師範大學，2008 年。
② 王國維輯錄、容庚重編：《宋代金文著錄表》，《北平北海圖書館月刊》1928 年第 1 卷第 5 號。
③ 張亞初：《宋代所見商周金文著錄表》，《古文字研究》第 12 輯，中華書局 1985 年版。
④ 唐蘭：《理想中之商周古器物著錄表》，《考古社刊》1935 年第 1 期。

我們對比一下宋代的金文著作和唐蘭所謂理想的著錄表不難發現，唐氏理想中的著錄表的基本框架在宋代已經基本具備。總結宋代金文著錄和研究對後代的貢獻，可以大致概括如下：

其一，宋代人對金石材料的搜集和整理，直接促使金石學的形成，他們的努力，使得一大批古代文物能夠流傳至今。其二，為後來的考古學和與之相關的古器物學、古文字學等學科的發展奠定了基礎。其三，宋代人對青銅器的發掘、整理、著述和考證，為後人保存了大量的資料，同時積累了保護、鑒賞、著錄和考釋方面的寶貴經驗。

總之，宋代金石學的形成在中國文化發展史上具有特殊的意義和價值，當然也影響到清代乃至今天金文學的發展，清代金文研究其實是在宋代人基礎上起步的，比如，作為清代金文學發端標誌的"西清四鑒"，其著錄體例就直接效仿《博古圖錄》，阮元《積古齋彝器款識》的初衷就是想集一書以續薛尚功《歷代鐘鼎彝器款識法帖》，宋代人的貢獻是不可否認的。

2. 宋代的金文學理論

宋朝的金文研究，不但開啟了金文學研究的先河，而且在金文學理論上亦有所創獲。宋人在金文學理論方面的貢獻主要有三：

其一，著錄體例。宋徽宗敕撰《博古圖錄》，所繪的器物圖像，包括銅器的花紋和形制，基本上能夠真實地反映出器形的全貌。"《博古圖錄》一書所繪器圖，其繪圖技術符合繪圖學上所說的透視投影技法原理，所繪出的器物圖像也就是所謂'透視圖'，在人的視覺水平線偏下，給人以正面而又俯視的感覺，所以具有立體感和真實感。"① 胡樸安云："呂大臨之《考古圖》，無名氏之《續考古圖》，宣和《博古圖》，繪古器物之形象，摹其銘文由實物迻為摹本，雖不

---

① 劉昭瑞：《宋代著錄商周青銅器銘文箋證·代序》，中山大學出版社 2000 年版，第 3—4 頁。

能毫髮無誤，然可以據此認識古器物文字之形式矣。"① 採用此種繪圖技術描繪彝器的方法為後代樹立了典範，為清朝"西清四鑒"及以後的青銅器著錄書籍所仿效。此外，《考古圖》和《博古圖錄》，還摹寫青銅器形制，考訂名物，並且對出土地和收藏情況也予以詳細記載。此種做法，成為後世著錄家的準則，清代的金文著錄多以此為範例。王國維云：

> 《考古》《博古》二圖，摹寫形制，考訂名物，用力頗鉅，所得亦多。乃至出土之地，藏器之家，苟有所知，無不畢記，後世著錄家當奉為準則。至於考釋文字，宋人亦有鑿空之功，國朝阮、吳諸家，不能出其範圍。若其穿鑿紕謬，誠若有可譏者，要亦國朝諸老之所不能免也。②

王國維對他們的評價超過清代阮元和吳榮光等學者，充分肯定他們的成就，對存在的問題予以充分理解。呂大臨《考古圖》自序云："探其制作之原，以補經傳之闕亡，正諸儒之謬誤。"③ 對研究金文的最終目的作了很好的說明，這也是我們今天研究出土材料的一個基本目的。

其二，分類與定名。宋人對青銅器分類已經有了初步的認知。如今我們對青銅器的分類，主要以其用途為標準，比如分為樂器、食器、酒器、水器、雜器等。其分類法，究其源頭，實際上始於宋代。王國維云：

> 至形制之學，實為宋人所擅場。凡傳世古禮器之名，皆宋人

---

① 胡樸安：《中國文學史》，中國書店1983年版，第158頁。
② 王國維：《宋代金文著錄表序》，見王國維輯錄、容庚重編《宋代金文著錄表》，《北平北海圖書館月刊》1928年第1卷第5號。
③ 呂大臨：《考古圖·序》，中華書局1987年版，第2頁。

之所定也。曰鐘、曰鼎、曰鬲、曰甗、曰簠、曰簋、曰壺、曰尊、曰盉、曰盦、曰盤、曰匜，皆古器自載其名，而宋人因以名之者也。曰卣、曰罍、曰爵、曰觚、曰觶、曰角、曰斝，於古器名詞中，均無明文，宋人但以大小之差定之，然在今日，仍無以易其說。①

可見，銅器形制與器名的辨識問題在宋代就已經基本定型，在這一問題上確有開創之功勞，"凡傳世古禮器之名，皆宋人所定也……宋代古器之學，其說雖疏，其識則不可及也"②。但因為是開創性的工作，其中的問題也是難免的，比如古器中的"殷"，宋以來稱之為"敦"，直到嘉慶元年（1796）嘉定人錢坫的《十六長樂堂古器款識考》問世，這個錯誤才被發現，直至民國時期才得以徹底糾正；再如宋代人銅器定名存在的共名與專名不分的問題，一直到晚清才得以解決。③

其三，金文考釋法。宋代人考釋銘文的具體方法大致有三：一、以小篆等參求之，釋讀銘文。二、利用先秦典籍中的成語釋字。三、發明形旁通用之例。④ 並且，宋代學者對古文字的異體、假借等情形也有較科學的認識。我們今天考釋古文字的基本方法，比如對照法、偏旁分析法、推勘法以及與典籍互證等方法，宋代人雖沒有理論上的總結，但在實踐中都曾使用。至於存在的問題，劉昭瑞將其概括為如下四點：一、對商周族氏文字性質認識的模糊性。二、推勘法的濫

---

① 王國維：《宋代之金石學》，《國學論叢》1973 年第 1 卷第 3 號。
② 王國維：《宋代之金石學》，《國學論叢》1973 年第 1 卷第 3 號。
③ 參閱後文 "清代青銅器分類與定名研究" 部份，此不贅述。
④ 姚孝遂主編：《中國文字學史》，吉林教育出版社 1995 年版，第 206—207 頁。劉昭瑞在《宋代著錄商周青銅器銘文箋證·代序》（中山大學出版社 2000 年版，第 9 頁）中曾把宋人考釋古文字具有普遍性的方法歸納為六種：其一，利用古文字象形、會意特點認識古文字。其二，對古文字筆畫繁省和偏旁變易規律的認識及運用。其三，對古文字同義項義符原則的認識和掌握。其四，同音通假原則在釋讀古文字中的運用。其五，推勘法的運用。其六，對古文字中 "合文" 的認識。

用。與先秦文獻若干詞語相比附，不考慮字形的相似與否。三、考釋結構較為複雜的字，往往只看到其中某一偏旁可識即釋為某字，其他則略去不顧。四、銅器銘文殘泐而造成的誤釋。① 宋代在銘文考釋方法上的創獲，經過清代學者的完善，到現在仍是考釋銅器銘文的重要方法。

3. 宋代的銅器斷代研究

郭沫若在談及青銅器斷代的重要性時指出：時代不分，一團渾純，那除作古董玩器之外，是沒有方法利用的。② 宋代學者注意到了斷代問題，但對斷代的意義似乎理解不深，在他們看來，古器時代僅是供收藏家作為估計價值的一種標識而已，目的不大明確，方法也不大講求。呂大臨《考古圖》所收商周銅器，偶爾也考訂其時代，例如對康鼎、辛鼎、癸鼎等三器，呂氏根據《史記》夏商未有諡法，皆以十干甲乙命名的記載，便疑為夏商之器。③ 再如，呂氏將兄癸彝考訂為商器。呂氏云：

> 其文又稱"九祀"，為商器無疑。云"兄癸"者，商以兄弟相及之辭也。故祀其先王，或稱祖，如祖丁卣之類，或稱父，若父辛旅彝之類，或稱兄，若此彝之類。商人無諡，皆以甲乙記之。④

其理由為是：出土地；商代稱年為祀，此器稱王九祀；商王位繼承，兄弟相繼；商人無諡，以甲乙命名。將銘文內容和語辭習慣作為考訂時代的依據是比較可靠的。此外，還根據銘文所記載的年月等信

---

① 劉昭瑞：《宋代著錄商周青銅器銘文箋證·代序》，中山大學出版社 2000 年版，第 9 頁。
② 郭沫若：《青銅時代》，人民出版社 1954 年版，第 263 頁。
③ 呂氏云："按：《史記》夏商未有諡，其君皆以甲乙為號，則此三鼎疑皆夏商之器。"呂大臨：《考古圖》卷一，中華書局 1987 年版，第 6 頁。
④ 呂大臨：《考古圖》卷四，中華書局 1987 年版，第 6 頁。

息，用曆法推算其所屬時代。例如《考古圖》中散季敦銘為："隹王四年八月初吉丁亥，散季肇作朕王母、叔姜寶。"呂氏考釋云：

> 以太初曆推之，文王受命歲在庚午，九年而終歲在己卯。《書》曰"惟九年大統未集"。武王即位之四年。敦文曰惟王四年，蓋武王也。是年一月辛卯朔，《書》曰"惟一月壬辰旁死魄"，旁死魄二日也。是歲二月後有閏，自一月至八月小盡者四，故八月丁亥朔，與敦文合。①

其實，呂大臨所據以推斷器物年代的"太初曆"本身不夠科學，其結果自然不可靠。由此器的形制來看，當在厲、宣王之世。② 趙明誠曾在《金石錄》卷十二的古器物銘第九《散氏敦銘》釋文中對此法提出質疑："《考古圖》以'太初曆'推之為武王時器，未知是否。"雖然呂氏的結果有誤，但在當時，能有這種銅器斷代法的觀念已是非常難得。《博古圖錄》中還有以銘識、形制、紋飾定時代的實例。雖然宋人已經有銅器年代考訂的觀念，但他們的分期結果並不可靠。原因是多方面的，首先，是所依據的曆法不科學；其次是銘文釋讀有誤，在此基礎上所做的一切努力都難免南轅北轍；再次，他們還缺乏科學的歷史觀，斷代過程中過於拘泥於典籍，以致給後人留下的只有方法上的創獲而無成果上的憑藉。

南宋開始，金文學研究逐漸呈現暗淡趨勢，元明兩代，沒有繼起的著作，金文學研究停頓了五百多年，直至清代乾隆年間"西清四鑒"問世，金文學才重新興起，歷史迎來了金文學研究的又一個輝煌時代。

三 元明

元明兩代是金文學的衰落期。這一時期的金文學著作幾近空白，

---

① 呂大臨：《考古圖》卷三，中華書局1987年版，第4頁。
② 容庚：《商周彝器通考》，文史哲出版社1985年版，第33頁。

明嘉靖中期，揚州人卞裹有《古器銘釋》十卷印行。此書乃抄襲《宣和博古圖》和《歷代鐘鼎彝器款識法帖》而作，摹刻舛訛，不足依據。元代楊鉤的《增廣鐘鼎篆韻》，對清代前期的金文研究產生過一定影響。① 此外，與金文研究相關的著作有兩部值得一提，即是戴侗的《六書故》和胡文煥的《古器具名》。

1. 戴侗《六書故》與金文之關係

戴侗（1200年—1285），字仲達，浙江永嘉人，於元仁宗延佑七年（1320）著成《六書故》三十三卷傳世。《六書故》一反《說文》《玉篇》體例，不用部首，而是按"數、天文、地理、人、動物、植物、工事、雜、疑"等分爲九部，又分為四百七十九個細目，其中一百八十八個是"文"（獨體），四十五個"疑文"（疑惑不明），二百四十六個是"字"（合體）。文字依六書（象形、指示、會意、形聲、轉注、假借）排列；字體不依小篆而據金文，對"假借"有獨到研究。戴侗認爲文字是從聲音中產生的，有聲音才有文字，聲音與意義同時存在，因此要"因聲求義"。他對"六書"中的"假借"的獨創的研究，對文字解釋有的也考證得精詳，爲以前辭書所不及。但其書過于泥古，選字多杜撰，訓解多臆測。被高明評價為："立論粗疏，分析不夠謹嚴慎重，彼此之間自相矛盾。雖自言糾正前人誤失，實際上自行謬誤甚於前人，尤以臆造古文攻擊《說文》，結果作繭自縛，殊無足觀。"② 但《六書故》以"六書"爲宗旨，上引鐘鼎文，下取方俗字，爰引百家之經典，也有很多創見，這是值得肯定的。但是，由于鐘鼎文並非字字都有，沒有的字只好用小篆來補足。《六書故》訂正了許慎《說文解字》中的多處錯誤，在文字訓詁學史上有著重要的地位和意義，爲文字學研究者們所推重。明清以來、顧炎武、王引之、陳第、段玉裁等人的著作中多處援引，影響很大。《六書故》是我國文字學史上一部具有較高成就和別具特色的工具書。戴氏利用

---

① 參看本書第二章，第47頁。
② 高明：《古文字學通論》，文物出版社1987年版，第22頁。

鐘鼎文考釋文字，是《六書故》的一個創舉，應給予充分肯定。例如：

　　　　人，𠂉𠄌，主孫彝文、孟孫丁彝文。《說文》以𠂉𠄌分二部……按：𠂉𠄌非二字，特因所合而稍變其勢，合于左者若伯若仲，則不變其本文而為"𠂉"，合于下者若兒若見，則微變其本文而為"𠄌"，分而為二者，誤也。①

戴侗從文字構造分析《說文》誤分𠂉𠄌爲二部的原因所得出的結論是正確的。《說文》不當分爲二部，許氏所釋"儿，仁人也"也是有問題的。又如：

　　　　射，"𦎧"食夜切。手弓加矢，射之義也。訛為"射"、為"躲"。《說文》曰："射，从身从矢，弓弩發于身而中于遠也。篆文从寸，寸，法度也。"按：射之从身絕無義，考之古器銘識，然後得其字之正。蓋左文之弓矢訛而為身，右偏之手訛而為寸也，文字之傳訛而鑿為說者，凡皆若此矣。古有僕射之官，禦射者也。②

《說文》所釋錯誤，因為所依據的是訛變後的古文篆文。戴侗藉助"古器銘識"考得"射"字正解，與甲骨文、金文中"射"字形表義一致。③ 由於《六書故》較早地利用銅器銘文考證古文字，所以常有一些精到的見解，受到後世學者的肯定。唐蘭在《中國文字學》中評價《六書故》認為："對于文字的見解，是許慎以後惟一的值得

---

① 戴侗：《六書故》卷七，上海社會科學出版社2006年版。
② 戴侗：《六書故》卷二十九，上海社會科學出版社2006年版。
③ 以上二例轉引自黨懷興《六書故運用鐘鼎文考釋文字評議》，《中央民族大學學報》（人文社會科學版）2001年第4期。

在文字學史推舉的。"① 裘錫圭評價云：

> 宋元間的戴侗作《六書故》，直接採用金文字形。由于金文字少，往往杜撰字形，因此受到後人的許多批評。不過戴氏說字頗有獨到之處，這也是後人所承認的。如他認為"品"是"星"的初文，"鼓"字所從的"壴"本象鼓形，就是很好的見解。②

嚴格地講，戴侗在《六書故》中所引金文實例都是為了考證字源，訂正《說文》之誤，其目的不在研究金文。換言之，金文只是研究材料而非研究對象。但從其利用金文考證字源的過程中可以看出，此書也具有一定金文研究的性質。

2. 胡文煥與《古器具名》

各種工具書和論文對胡文煥的介紹普遍較簡單，往往依據《四庫全書總目提要》③和丁申《武林藏書錄》④，作："胡文煥，字德甫，一作德父，號全菴、抱琴居士。錢塘人。"其生卒年月不詳，一般認為大約生活在萬曆中晚期。胡文煥有閑章題"三教一家號曰全菴"⑤，此為胡氏取號"全菴"之由。胡文煥刻書時間不長，卻數量極多，隨得隨刻，較為草率，又無法多方涉獵考證，錯訛頗多，受到指責也多。《四庫全書總目》對著錄的胡文煥著作幾乎都進行了批評。《四庫全書總目》於《古器具名》《古器總說》條云：

> 是書于每一古器，各繪一圖，先以《博古圖》《考古圖》，

---

① 唐蘭：《中國文字學》，復旦大學出版社 2006 年版，第 48 頁。
② 裘錫圭：《文史叢稿》，上海遠東出版社 1996 年版，第 32 頁。
③ 見《四庫全書總目》卷一一四子部藝術類存目"《文會堂琴譜》卷六"條，中華書局 1965 年版，第 978 頁中。
④ 丁申：《武林藏書錄》卷中"文會堂"條，光緒庚子（1900）八月嘉會堂刻本，第 23 頁，北京師範大學圖書館藏。
⑤ 見《寸割粹編》序後鈐，《北京圖書館古籍珍本叢刊》第 80 冊，第 411 頁。

次以《欣賞編》。《欣賞編》者，即抄襲《說郛》內之《古玉圖》也。《古玉圖》，元人朱德潤編，有德潤自序，刻《說郛》者既失其序，而沈潤卿《欣賞編》又沒所自來。文煥此書遂直以爲據《欣賞編》訛以傳訛，其無所考證可見。況《博古》《考古》二圖所載甚備，乃每器僅擇其一，亦不知其何取。末附《總說》一卷，則全襲《博古圖》之文，益爲舛鄙。《博古圖》成于宣和禁絕史學之日，引據原疏。文煥不能考定，乃剽竊割裂，又從而汩亂之。其鉤摹古篆，亦不解古人筆法，尤訛謬百出。不知而作，其此書之謂欤。①

由此可見，此書無論其體例和內容，都談不上有什麼創造，至多只是給後人提供一點資料。在此將其列舉出來，也只是爲了說明元明時期的金文學成就雖然沒有，但也並非完全空白。

---

① 《四庫全書總目》——六子部譜牒類存目，中華書局 1965 年版，第 997 頁。

第二章 清代金文研究概覽

第一節 清代金文學發展的原因

清代學術以"漢學"的空前繁盛和"小學"研究的科學化爲最大特點。清代語言學研究的各個重要方面，包括金文學研究，都呈現出繁榮的發展景觀。清人能夠取得這樣巨大的成就，主要是由社會政治因素和學術規律所決定的。吳禮權所著《清代語言學繁榮發展原因之探討》曾經對清代語言學繁榮發展的原因進行過深入的分析，[①] 在此基礎上，我們對清代金文學發展的原因作一簡要闡述。

一 社會政治因素的影響

清朝是少數民族對大漢族的統治，因而滿洲貴族入主中原後，遭到了廣大漢族民衆的強烈反對和抵抗，著名學者顧炎武、黃宗羲等都曾經參加過抗清組織。爲了穩固統治，清王朝自入關以後，開始對廣大漢族民衆的武裝反抗與士大夫階層的思想反抗進行殘酷的武力鎮壓與政治迫害。清政府用全部力量來對付知識份子階層，一方面禁毀書籍，大興"文字獄"，一方面又舉科錄士、招納降臣、開館修史以籠絡讀書人。多數知識分子迫于生存大計，或者選擇與清王朝合作，或

---

① 吳禮權：《清代語言學繁榮發展原因之探討》，《雲夢學刊》1997 年第 1 期。

者回避政治埋頭于沒有風險的經史考證，這就給"漢學"的成長提供了非常肥沃的土壤，直接導致了偏向于考證的古典語言學的空前發展。甚至可以說，清代特殊的政治環境和統治者的政治策略，客觀上為學術發展起了推動作用。我們完全可以站在清代知識份子的角度去想這個問題，吳禮權云：

> 在清代這種嚴酷的政治環境與統治政策下，又有如此一些專橫跋扈的帝王的思想干涉，學者們討論任何人文社會科學問題都會犯忌，都會動輒得咎，因此，他們除了埋頭古典文獻考證，還能幹些什麼呢？中外歷史都表明了這樣一個事實，凡當權者喜歡幹涉人民思想的時代，學者的聰明才智只有全部用去注釋古典。歐洲羅馬教皇權力最盛時是這種情形，中國的清代，特別是雍乾時代自然不能例外，這便是有清一代的學術走向考證一路發展、偏跛考證的古典語言學得以繁榮發展的根本原因所在。①

明末，道學受到了嚴重沖擊。到清代，作爲前朝遺老的思想家兼古文獻學家顧炎武、黃宗羲和王夫之等人爲了總結明朝滅亡的教訓，也極力批判或者修正前代王守仁的"心學"以及"束書不觀，遊談無根"的空疏學風。學風由"蹈空"而變爲核實——由主觀的推想變爲客觀的考察。客觀的考察本來有兩種可能性，一是自然科學的研究，二是社會文獻方面的研究。由於更爲複雜的原因，中國的學術研究沒有走上第一條路。王國維云：

> 我朝學術所以超絶前代者，小學而已。順康之間，崑山顧亭林先生，實始爲《說文》、音韻之學。《說文》之學，至金壇段氏（段玉裁）而洞其奧。古韻之學，經江（江永）、戴（戴震）

---

① 吳禮權：《清代語言學繁榮發展原因之探討》，《雲夢學刊》1997年第1期。

諸氏，至曲阜孔氏（孔廣森）、高郵王氏（王念孫）而盡其微，而王氏父子（與王引之）與棲霞郝氏（郝懿行）復運用之，於是訓詁之學大明，使世無所謂古文者，謂小學至此觀止焉可矣。①

清初的顧炎武、黃宗羲、王夫之等學者都受晚明楊慎、陳第等人倡導的"古學"的影響，重考據，講實證，把"小學"作爲解釋經史的基礎，使"小學"研究得以迅速而健康地發展，並影響了稍後興起的金文學的研究。

二　學術規律本身的制約

首先，學術上的遞相繼承是清代金文學發展的一個重要因素。從歷史上看，學術的發展是漸進的，雖然有時呈現突飛猛進的態勢，譬如北宋宣和年間的金文學發展和乾嘉時期古典語文學的繁盛，但任何學科的發展不是突如其來的，都是積累的結果。比如王引之，其突出的成就被後人公認。但是，《經傳釋詞》的出現也並非偶然，而是在繼承前賢成就的基礎上作進一步研究的結果。漢語的虛詞研究早在漢代的一些著作中就已開始。南朝梁劉勰、唐柳宗元、宋張炎等人都曾對虛詞問題作過專門的論述。元朝盧以緯氏著成第一部漢語虛詞研究的專著《語助》，標誌著漢語虛詞研究進入了一個新的歷史階段。之後，有清代袁仁林的《虛字說》和劉淇的《助字辨略》。王引之的《經傳釋詞》正是繼承了歷代虛詞研究成果，包括清人同類著作的成果而寫成的。再比如，訓詁學是中國古典語言學的一個重要組成部分，在清代的發展成就最爲突出。但是它絕不是清代發展起來的，而是自周秦時代開始興起，至漢代正式建立起來的學科，以《爾雅》的出現爲標誌。後有唐代孔穎達的《五經正義》、李善的《文選注》等有影響的著作。正因爲在清代之前已有很多學者在訓詁學方面做了

---

① 羅振玉：《〈殷虛書契考釋〉·後序》，藝文印書館1981年版。

大量工作，取得了許多重要的成就，清代的學者才有可能繼承前賢，在已有的基礎有重要的突破與貢獻。① 金文學研究也是如此，清代從"西清四鑒"開始出現的一系列專著，都承襲了宋代學者開創的套路。比如"西清四鑒"效法《博古圖》，曹載奎的《懷米山房吉金圖》和劉喜海的《清愛堂彝器款識法帖》效法《先秦古器記》。王國維云："近世金石學復興，然於著錄、考訂皆本宋人之法。"

其次，清代學者講求實證的治學作風和科學的研究方法是清代金文學發展的又一重要因素。清代學者主張研究經典從語言文字入手，實事求是地研究，而不是先肯定古人思想，然後再曲解古人語言文字以附會自己意見的傳統經學的治學思路。比如王引之作《經義述聞》《經傳釋詞》，內容很多是從其父王念孫那裏繼承來的（《經義述聞》中繼承其父的內容更多一些），但對于其父的許多觀點與說法，他往往能夠提出駁正，其父《讀書雜志》中解釋過的內容，他也實事求是地加以補充。再如，清代的金文研究實在宋代研究成果基礎上發展起來的，但清代金文學家對宋代的成果往往批判地繼承，不將其視為圭臬。吳大澂在《愙齋集古錄·自序》中曾對宋代和清代金文著錄專書進行過客觀的評價和批判，吳氏認為宋代呂大臨、薛尚功、王俅等人金文著錄專書的刻板都欠精微，阮元《積古齋鐘鼎彝器款識》和吳榮光的《筠清館金文》的刻本雖改陰款為陽文，但也未做到神似。此外，對宋人已有說法，清代學者偶爾也作審慎而精到的批判。如《金石索》中有一周南宮中尊，作者考釋云：

> 南宮，其族；中，其名。《博古錄》稱"召公尊而以南宮為廟"者非。銘蓋言王召見公族，公族于庚辰日旅見王，王錫南宮中馬百匹。所謂錫馬，蕃庶也。"百"書作"自"，古文通用，唐元次山峿臺銘中"百步"亦作"自步"。貫侯，侯可貫者。馬

---

① 吳禮權：《清代語言學繁榮發展原因之探討》，《雲夢學刊》1997年第1期。

七尺以上為䠯也。厭，如曾子問祭殤必厭，蓋是時南宮氏遇厭王詔以用先人之禮，猶記所謂"能執干戈以衛社稷可無殤也"之意，"中乃對揚王休作父乙尊彝"以榮其先也。舊釋誤，今正之。①

《金石索》認為南宮中之"南宮"為族名，"中"為人名，而《博古錄》認為南宮為廟的看法是錯誤的，相比之下，後者的考釋更加可信。

再次，科學的研究方法也起著關鍵作用。清代學者除了使用傳統的對照法之外，還將宋人使用過的偏旁分析法和推勘法運用得更加純熟，此外，還大量使用二重證據法，並且有很多的新發現。這些方法被清代人廣泛使用並使其愈加科學。比如孫詒讓在《名原》中，以辭例推勘的方法考釋牆字，云：

> 盂鼎云："𢎩于玟王正德，若玟王令二三正。""𢎩"字最奇古難識，今參互審覈，知亦即"宣"字也。……"宣于玟王正德，若玟王令二三正"者，宣，受也。謂所受於文王中正之德，及命二三官正之命也。《說文》啬部："啬，愛濇也。从來从㐭，來者㐭而臧之，故田夫謂之啬夫。"一曰棘省聲。古文作"𠻊"，从田。……金文則皆从林，大敦云："余弗敢蓁"，此即各啬字。……虢叔旅鐘云："用作朕皇考恵叔大蓁龢鐘"，別器作"蓁"、作"蓁"。又編鐘作"蓁"。聲伯鐘云："用作朕文考聲白龢蓁鐘"。朱氏鐘云："作朕皇考朱氏寶蓁鐘"。此並"啬"之異文。上从林者，疑即从秝省，下从㐭，大致略同。審繹文義，並當為牆之借字。牆鐘者，謂宮縣之鐘，宮牆義相應，猶編縣鐘磬半為堵也。《周書·大匡篇》亦云："樂不牆合"，"牆合"即謂宮

---

① 馮雲鵬、馮雲鵷：《金石索》之《金索一》，道光七年木刻本，第40頁。

縣四合。諸侯軒縣三回合，蓋亦得稱牆矣。此與大敦義異，而字則同。①

孫詒讓用推勘法得出正確結論，由於方法科學，理據充分，被後人所接受。再如《綴遺齋彝器考釋》卷七有一魯伯厚父盤，銘文為"魯伯厚父作仲姬俞媵（媵）盤"。其中的"伯厚父"所指不明，方濬益考釋云：

> 此伯厚父，即魯公子鞏，字厚，謚惠伯者也。何以言之？《檀弓》：后木。鄭注曰："魯孝公子惠伯鞏之後"。正義曰："《世本》孝公生惠伯革，其後為厚氏"。《世本》云："革，此云鞏"。《世本》云："厚，此云后，其字異耳"。王伯申《尚書》曰："按革乃鞏之脫文"。后讀為厚。鞏，堅厚也。《爾雅》："鞏、篤、掔，固也"。"篤、掔、厚也"。鞏、篤、掔同義，篤、掔訓為厚，鞏亦得訓為厚也。錢辛楣少詹論轉韻曰："鞏與固相近，故《瞻卬》詩以鞏與後韻"。②

方氏認為其人名鞏，字厚，這個考釋結果不僅意義和傳世文獻相符，讀音也相近。然後方氏又引述《左傳·襄公十四年》中"夏，衛獻公出奔齊，公使厚成叔弔於衛"和《左傳·昭公二十五年》"郈昭伯"的相關記載，以及《古今人表》作"厚昭伯"等有關文獻，證明魯公族有厚氏。又以《世本》證明成叔、昭伯、后木都是惠伯的後裔，是以王父字為氏。"郈"和"后"是古今字。再如《史記·魯周公世家》所載"宣王殺伯御而立孝公，稱惠伯為孝公子"也與銘文內容相符，最後得出結論。方氏主要是利用地下出土的文字材料和地上文獻材料互證的二重證據法考釋出銘文的正確意思，同時說明

---

① 孫詒讓：《名原》卷上，清光緒玉海樓石印本，第21—22頁。
② 見《綴遺齋彝器考釋》卷七，商務印書館1935年石印本，第21頁。

了其人在為大夫時作器媵女，作器時間應在惠公之世，並證明了傳世文獻的真實可靠。

三　出土材料的新發現

王國維曾把學者發現的材料和研究結果分為五類：殷虛的甲骨文、敦煌及西域各地的簡牘、敦煌的六朝唐人卷軸、內閣大庫的書籍檔案以及中國境內之古外族遺文。並將金石古物列於其後，充分肯定其價值。① 對金文學影響最大的發現，當然是作為這個學科研究對象的青銅器。青銅器發現最多的時期是北宋末年，待南宋王朝偏安一隅，中原淪陷之後，青銅器的發現就顯沉寂。從南宋開始到元明，不能說沒有發現，像白吉父盤就是一例。但即便是有所發現也未見著錄，古器大抵都歸內府。後來清高宗敕編"西清四鑒"，才揭開清代研究金文的序幕。② 容庚曾經談到清代青銅器發現的大致情形：

> 清代若《西清續鑑》（十七：一）所記乾隆十六年臨江民耕地得古鐘十一器；《濟州金石志》（一：十）所記道光間壽張梁山下得古器七種，鼎三、彝一、盉一、尊一、甗一；《金石索》（《金索》一，初印本無之）所記道光十年，滕縣人於鳳凰嶺之溝澗中掘出魯伯俞父器數種，有鬲、有簠、有盤、有匜；《愙齋集古錄》（一：七）所記同治初年，山西榮河縣后土祠旁河岸圯，出古器甚夥，長安賈人雷姓獲郘鐘大小十二器；又（十四：十八）陝西鄠縣出土宗婦鼎七、敦六、盤一、壺一；《陶齋吉金錄》（一：一）所記《枎禁》十二器於光緒二十七年秋陝西鳳翔府寶雞縣三十里鬥雞臺出土，此少數之記載，又大都為偶然發現。③

---

① 王國維：《最近二三十年中中國新發見之學問》，《學衡》總第 45 期，1925 年。
② 唐蘭：《古文字學導論》，齊魯書社 1981 年版，第 44—45 頁。
③ 容庚：《商周彝器通考》，文史哲出版社 1985 年版，第 6—7 頁。

第二章 清代金文研究概覽

青銅器的發現，為研究者提供了極好的條件吳大澂在《說文古籀補·自敘》中云：

> 百餘年來，古金文字日出不窮，援甲證乙，真贋瞭然。審擇既精，推闡益廣，穿鑿傅會之蔽，日久自彰，見多自堉。

吳氏這段話說明了銅器的新發現和清代金文學取得豐碩成果之間的關係。出土器物數量的增加，使人們考釋金文過程中有了更多可以互相參證的材料，為金文考釋水平的提高提供了客觀上的保證。宋人考釋出來的銅器銘文雖有不少，但是清代學者所能依憑的銅器銘文數量則更加可觀，一部分銅器，尤其是有長銘的所謂"重器"，到了清代才陸續被發現和著錄，為學者提供了更豐富的新資料：[①]

1. 毛公鼎　西周晚期，銘文四百七十九字（又重文九，合文九）。陳介祺、端方、葉恭綽、陳詠仁舊藏。道光末年（1850）出土於陝西岐山縣。光緒十二年（1886）著錄於徐同柏《從古堂款識學》，光緒二十一年（1895）著錄於吳式芬《攈古錄金文》，光緒二十二年（1896）著錄於吳大澂《愙齋集古錄》，光緒二十八年（1902）著錄於劉心源《奇觚室內吉金文述》。

2. 曶鼎　西周中期，銘文約存三百七十六字（又重文四）。畢沅舊藏，後毀於兵火。據錢坫云，乾隆四十三年（1778）畢沅得之於長安。嘉慶九年（1804）著錄於阮元《積古齋鐘鼎彝器款識》，光緒二十一年（1895）著錄於吳式芬《攈古錄金文》，光緒二十二年（1896）著錄於吳大澂《愙齋集古錄》，光緒二十八年（1902）著錄

[①] 以下關於青銅器著錄，銘文字數和收藏情況的內容多援引趙誠《晚清的金文研究》（《第二屆國際清代學術研討會論文集》，高雄，1999年）一文，劉雨、沈丁、盧岩、王文亮編著《商周金文著錄總表》（中華書局2008年版）一書和《殷周金文集成》（中華書局2007年版）的說明部分，註釋不再一一給出。需要注意的是，對銘文字數的統計，會因為銘文殘泐、計算標準和所據拓本不同而略有出入。

於劉心源《奇觚室內吉金文述》，民國五年（1916）著錄於鄒安《周金文存》。

3. 小盂鼎　西周早期，銘文三百九十字。道光初年（1821）出土於陝西岐山禮村。傳說此器亡佚於太平天國之際，而別一說則以為項城袁氏實藏此器，重埋入土，今亡佚。光緒二十一年（1895）著錄於吳式芬《攈古錄金文》。也見於方濬益《綴遺齋彝器款識考釋》（具體著錄年不詳）。器出陝西岐山縣，安徽宣城李文翰令岐山時得之，另一說為此鼎與大盂鼎同出陝西郿縣禮村。

4. 大盂鼎　西周早期，銘文二百八十六字（又合文五）。道光初年（1821）出土於陝西岐山禮村。先後經邑紳郭氏、周廣盛、左宗棠、潘祖蔭等人收藏，1951 年，由潘氏後人潘達于捐獻，先藏於上海博物館，1959 年轉藏於中國歷史博物館。光緒十一年（1885）著錄於吳大澂《恆軒所見所藏吉金錄》，光緒二十一年（1895）著錄於吳式芬《攈古錄金文》，光緒二十二年（1896）著錄於吳大澂《愙齋集古錄》，也見於方濬益《綴遺齋彝器款識考釋》（具體著錄年不詳），光緒二十八年（1902）著錄於劉心源《奇觚室內吉金文述》。

5. 大克鼎　西周晚期，銘文二百八十一字（又重文七，合文二）。光緒十六年（1890）出土於陝西扶風縣法門寺任村。潘祖蔭舊藏，1951 年潘達于捐獻。當時出土凡百二十餘器，克鐘、克鼎及中義父鼎並在一窖中。光緒十六年（1890）著錄於吳大澂《愙齋集古錄》，也見於方濬益《綴遺齋彝器款識考釋》（具體著錄年不詳），光緒二十八年（1902）著錄於劉心源《奇觚室內吉金文述》。

6. 班簋　西周中期，銘文一百九十五字（又重文二）。原藏清宮，1972 年北京市物資回收公司有色金屬供應站從廢銅中揀出，修復後藏於北京首都博物館。乾隆十六年（1751）著錄於《西清》，光緒十三年（1887）嚴可均《全上古三代秦漢三國六朝文》收有釋文。

7. 不嬰簋蓋　西周晚期，銘文一百四十八字（又重文三，合文一）。吳康甫、吳興陸氏、新昌俞氏、杭州鄒氏、羅振玉舊藏。光緒十二年（1886）著錄於徐同柏《從古堂款識學》，光緒二十一年（1895）著錄於吳式芬《攈古錄金文》，光緒二十八年（1902）著錄於劉心源《奇觚室內吉金文述》。

8. 曾伯霥簠蓋　春秋前期，其一銘文八十八字（又重文四）。嘉慶九年（1804）著錄於阮元《積古齋鐘鼎彝器款識》，光緒二十一年（1895）著錄於吳式芬《攈古錄金文》，也見於方濬益《綴遺齋彝器款識考釋》（具體著錄年不詳），光緒二十八年（1902）著錄於劉心源《奇觚室內吉金文述》；其銘文八十六字（又重文二），光緒十二年（1886）著錄於徐同柏《從古堂款識學》，光緒二十一年（1895）著錄於吳式芬《攈古錄金文》，光緒二十二年（1896）著錄於吳大澂《愙齋集古錄》，也見於方濬益《綴遺齋彝器款識考釋》（具體著錄年不詳），光緒二十八年（1902）著錄於劉心源《奇觚室內吉金文述》。

9. 酅比盨　西周晚期，銘文存一百二十一字。劉鶚、陳承裘舊藏。其拓本先流傳於世，民國五年（1916）著錄於鄒安《周金文存》。

10. 善夫克盨　西周晚期，銘文一百字（又重文二）。光緒十六年（1890）出土於陝西扶風縣法門寺任村窖藏。丁麟年、日本某氏舊藏。現藏於美國芝加哥美術館。光緒二十二年（1896）著錄於吳大澂《愙齋集古錄》。

11. 墜侯因資敦　戰國後期，銘文七十九字（又重文二）。陳介祺、劉體智舊藏。光緒十二年（1886）著錄於徐同柏《從古堂款識學》，光緒二十一年（1895）著錄於吳式芬《攈古錄金文》，光緒二十二年（1896）著錄於吳大澂《愙齋集古錄》，光緒二十八年（1902）著錄於劉心源《奇觚室內吉金文述》，光緒三十四年著錄於朱善旂《敬吾心室彝器款識》。

12. 麥方尊　西周早期，銘文一百六十四字（又重文三）。清宮舊藏。乾隆十六年（1751）著錄於《西清》。

13. 吳方彝蓋　西周中期，銘文一百零一字（又合文一）。嘉慶九年（1804）著錄於阮元《積古齋鐘鼎彝器款識》，光緒二十一年（1895）著錄於吳式芬《攈古錄金文》，光緒二十二年（1896）著錄於吳大澂《愙齋集古錄》，也見於方濬益《綴遺齋彝器款識考釋》（具體著錄年不詳），光緒二十八年（1902）著錄於劉心源《奇觚室內吉金文述》。

14. 效卣　西周中期，銘文六十五字（又重文二）。出土於河南洛陽。劉喜海、陳介祺舊藏。咸豐二年（1852）著錄於劉喜海《長安獲古編》，光緒二十一年（1895）著錄於吳式芬《攈古錄金文》，光緒二十二年（1896）著錄於吳大澂《愙齋集古錄》，也見於方濬益《綴遺齋彝器款識考釋》（具體著錄年不詳），光緒二十八年（1902）著錄於劉心源《奇觚室內吉金文述》。

15. 庚壺　春秋後期，銘文存一百七十字（又重文二）。清宮舊藏。乾隆五十八年（1793）著錄於《西清續鑒甲編》，也見於方濬益《綴遺齋彝器款識考釋》（具體著錄年不詳）。

16. 洹子孟姜壺　春秋。一器銘文存一百三十五字。吳雲、曹秋舫舊藏。道光二十二年（1842）著錄於吳榮光《筠清館金文》，同治十一年（1872）著錄於吳雲《兩罍軒彝器圖釋》，光緒二十二年（1896）著錄於吳大澂《愙齋集古錄》，光緒十二年（1886）著錄於徐同柏《從古堂款識學》，光緒二十一年（1895）著錄於吳式芬《攈古錄金文》，也見於方濬益《綴遺齋彝器款識考釋》（具體著錄年不詳）。阮元、吳雲舊藏；另一器銘文一百四十三字。道光二十年（1840）著錄於曹載奎《懷米山房吉金圖》，同治十一年（1872）著錄於吳雲《兩罍軒彝器圖釋》，道光二十二年（1842）著錄於吳榮光《筠清館金文》，光緒十二年（1886）著錄於徐同柏《從古堂款識學》，光緒二十二年（1896）著錄於吳大澂《愙齋集古錄》，光緒二十一年（1895）著錄於吳式芬《攈古錄金文》，也見於方濬益《綴遺齋彝器款識考釋》（具體著錄年不詳）。

17. 散氏盤　西周晚期，銘文三百四十九字（又合文一），是目前所能見到的字數最多的一件盤銘。乾隆初年（1736）出土於陝西鳳翔。此器先藏揚州徐氏、洪氏，乾隆年間入內府，咸豐初復流入嵩文仲處。嘉慶九年（1804）著錄於阮元《積古齋鐘鼎彝器款識》，光緒二十一年（1895）著錄於吳式芬《攈古錄金文》，光緒二十二年（1896）著錄於吳大澂《愙齋集古錄》，光緒二十八年（1902）著錄於劉心源《奇觚室吉金文述》。

18. 兮甲盤 西周晚期，銘文一百二十九字（又重文四）。元代李順父持歸鮮于樞，後入保定官庫，再後為陳介祺所得。光緒二十一年（1895）著錄於吳式芬《攈古錄金文》，光緒二十二年（1896）著錄於吳大澂《愙齋集古錄》，也見於方濬益《綴遺齋彝器款識考釋》（具體著錄年不詳），光緒二十八年（1902）著錄於劉心源《奇觚室吉金文述》。此器宋代出土，見於《紹興內府古器評》。

19. 虢季子白盤 西周晚期，銘文一百零六字（又重文四，合文一）。道光二十年（1840）出土於陝西寶雞虢川司。初為徐燮鈞所得，後歸劉銘傳，運至合肥。後來劉肅曾捐獻。光緒十二年（1886）著錄於徐同柏《從古堂款識學》，光緒二十一年（1895）著錄於吳式芬《攈古錄金文》，光緒二十二年（1896）著錄於吳大澂《愙齋集古錄》，也見於方濬益《綴遺齋彝器款識考釋》（具體著錄年不詳），光緒二十八年（1902）著錄於劉心源《奇觚室吉金文述》。

20. 㝬鐘 西周晚期，銘文一百一十一字（又重文九，合文二）。陳廣寧舊藏。乾隆十六年（1751）著錄於《西清》。

21. 王孫遺者鐘 春秋後期，銘文一百一十三字（又重文四）。出土於湖北荊州宜都山中。曹秋舫、潘祖蔭、端方舊藏。光緒二十二年（1896）著錄於吳大澂《愙齋集古錄》，也見於方濬益《綴遺齋彝器款識考釋》（具體著錄年不詳）。

22. 黿公華鐘 春秋後期，銘文九十一字（又重文二）。紀昀、潘祖蔭舊藏。嘉慶九年（1804）著錄於阮元《積古齋鐘鼎彝器款識》，光緒二十一年（1895）著錄於吳式芬《攈古錄金文》，也見於方濬益《綴遺齋彝器款識考釋》（具體著錄年不詳）。

23．虢叔旅鐘　西周晚期，傳世有七器，皆可見於清人著錄。銘文字數不盡相同，最多九十一字。出長安河壖土中。嘉慶九年（1804）至光緒二十五年（1899）分別被著錄。

24．黛鐘　春秋後期，銘文八十四字（又重文二）。咸豐、同治年間出土於山西榮河縣后土祠附近河岸。共十餘件，其中十一件可見於清人著錄。同治十一年（1872）至民國五年（1916）分別被著錄。

25．䣄鎛　春秋後期，銘文一百七十二字（又重文二，合文一）。同治九年（1870）四月出土於山西榮河縣后土祠附近河岸圯。尋氏、潘祖蔭舊藏。同治十一年（1872）著錄於潘祖蔭《攀古樓彝器款識》，光緒二十二年（1896）著錄於吳大澂《愙齋集古錄》，也見於方濬益《綴遺齋彝器款識考釋》（具體著錄年不詳）。

　　清代金文研究能夠迅速發展，固然有多方面的原因，但如果在清代沒有數量龐大的銅器被發現，或不被整理與著錄，那麼金文學也無法得以如此發展。正是有了新發現的青銅器，學者們才能夠有更多的材料相互參證，這無疑對金文研究的整體水平有重大意義。雖然當時有一些金文學著作內容不夠理想，但是其搜集、整理和著錄的努力以及嚴謹的態度應該得到肯定，這些都給後代學者提供極大的便利。

　　此外，石刻和甲骨文的發現也為金文學研究提供了可以依憑的材料。直至今天，人們還習慣將"金石"並稱，可見金文和石刻有著密切關係。宋代金石學興起，也就是在那個時候石刻資料開始逐漸被人們重視。嘉慶、道光以後，碑學再度盛行。自宋代以來許多學者，將金文與石刻混為一談，而且石刻是當時金石學的研究主體，一直到晚清以後才逐漸改變。在談及石刻於金文的關係以及石刻的學術價值時，程章燦云：

> 石刻的出現，至少其受到廣泛重視並被大量採用，實際上是晚於彝器的。這一歷史順序似乎還提示我們，石刻繼彝器而興，

不僅在各種場合逐漸取代了原來由彝器所承擔的作用，而且越來越流行，在記載和傳播文獻方面，其功用較彝器有過之而無不及。①

清代學者將精力集中在經史考證與詮釋上，把金石文字作為"證經訂史"的依據，金石出土越來越多，摹拓流傳也越來越廣。清代記錄石刻的著作大量出現。這類著作又可以分為兩類：一類是散見於省、府、縣志裏面單獨安排的金石部份，有二百九十七部，其中二百九十六部為清代編撰，因其太過分散此不一一列舉；另一類是單獨編纂的某一地的金石志或石刻名目，主要的有：

1.《金石書錄目》容媛輯、容庚校。搜集一百五十六部單獨的金石志，另有十部附錄，其中一百五十三部為清人所作。②

2.《山左金石志》二十四卷，阮元編錄。此書收青銅器、錢幣、璽印等一千三百餘件，記載金石的銘文、形制、來歷、書法、存佚、摹拓等內容。

3.《兩浙金石志》二十四卷，阮元編錄。收錄浙江從會稽秦石刻到元末的金石資料六百五十八種，編撰體例與《山左金石志》相同，以時代為序，先全錄金石文字，後附案語。詳細記載金石所在地點、行數及書法等內容。

《山左金石志》和《兩浙金石志》兩部著作促進了魯、浙兩省金石學研究的不斷興盛。並且促使"山東學派"（又稱"北派"）和"江南學派"（又稱"南派"）的產生。③

清光緒二十五年（1899）甲骨文被發現。可以說，這是中國文字學史上影響最為深遠的發現。"自甲骨文發現以後，二十七年來，甲

---

① 程章燦：《石學論叢》，大安出版社1999年版，第242頁。
② 容媛輯、容庚校：《金石書錄目》，"中研院"歷史語言研究所，1992年版。
③ "山東學派"（又稱"北派"）和"江南學派"（又稱"南派"）的差異主要在石刻研究方面，所以此文不對其進行專門討論。

骨文不僅為文字參考之材料，且為歷史參考之材料。不僅於甲骨文之本身有深刻之研究，且影響於金文研究方法之進步。"① 光緒二十六年（1900），八國聯軍攻入北京，被譽為"甲骨文之父"的王懿榮還沒來得及對其進行深入研究並著書立說便以死殉國。光緒二十九年（1903），劉鶚的《鐵雲藏龜》問世，這是歷史上第一部甲骨文字典。光緒三十年（1904），孫詒讓根據《鐵雲藏龜》的資料寫成《契文舉例》，這是第一部考訂甲骨文的專著。其後孫詒讓於光緒三十一年（1905）著《名原》一書，開始運用甲骨文材料考證文字之流變。此後羅振玉編著的《殷墟書契》（前編）於1913年印行，歷史已進入民國時期了。可以這樣說，甲骨文的發現、著錄與研究對金文學產生重要影響是民國以後的事。我們今天研究殷周金文，上有甲骨文，下有戰國文字，不妨設想一下，清代學者諸如吳大澂、陳介祺、潘祖蔭等，如果有機會利用甲骨文材料，定會取得更加輝煌的成就。他們與甲骨文失之交臂，這是歷史的遺憾。

甲骨文的發現對金文學研究產生重要影響雖在民國以後，但晚清學者也意識到了甲骨文的重要性，並將其運用於金文研究的實踐中。晚清學者孫詒讓認為甲骨文"大致與金文相近，篆畫尤簡渻，形聲多不具，又象形字頗多，不能盡識"。可以用來"補有商一代書名之佚"②。

孫詒讓於甲骨文被發現後的第六年著《名原》，開始從文字學角度總結自己研究甲骨文、金文的成果。《名原》在一定程度上開始跳出了金石學和傳統文字學的圈子，自覺地利用甲骨文材料考證文字演變的過程。同時，將甲骨文和銅器銘文材料做對比作綜合性的研究。比如"止"字條：

"Ψ"《說文·止部》，"下基也，象艸木出有阯，故以止為足。"依許說則"止"本象草木之有阯而假借為足止。金文有足

---

① 胡樸安：《中國文字學史》，臺灣商務印書館1992年版，第18頁。
② 孫詒讓：《契文舉例·敘》，齊魯書社1993年版，第3—4頁。

跡形，如母卣作"❏"，㝬夫鼎作"❏"，皆無文義可推，或即與"止"同字。龜甲文則凡"止"皆作"❏"，如云"□□其雨，庚❏"，又云"雨隹多❏"，又云"雨克❏（反文）"是也。因之，從止字偏旁亦皆如是作，如武庚"武"字作"❏"，"步"字作"❏"，"陟"字作"❏"，是也。①

綜考金文甲文，疑古文"❏"為足，"止"本象足跡而有三指，猶《說文·又部》"❏"字注云："手之列多，略不過三"是也。金文足跡則實繪其形，甲文為"❏"，則粗具匡郭，猶"❏"之為"❏"，其原本同，由是反正顛倒，從橫紊列，則成異字。"止"倒之為"❏"、為"❏"，"❏"直紊之為"❏"，橫列之為"❏"，"❏"橫列之為"❏"、為"❏"，直紊之為"韋"，形皆相似，要並象足止形也。②

再如"山"字條：

"❏"、"❏"，《說文·山部》，"有石而高，象形。"金文父戊觶作"❏"，山且丁爵作"❏"。甲文則作"❏"，當是原始象形字，與金文略同。但彼象實體，此為匡郭（與金文丁作❏，龜甲文作❏同），微有差異耳。③

孫詒讓的《名原》代表了清代古文字研究的最高水平，是古文字學史上有重要意義的一部著作。

第二節　清代金文研究述要

清代考據之風的盛行與小學研究的繁榮，引發了古文字學研究的

---

① 孫詒讓：《名原》卷上，清光緒玉海樓石印本，第16—17頁。
② 孫詒讓：《名原》卷上，清光緒玉海樓石印本，第19—20頁。
③ 孫詒讓：《名原》卷上，清光緒玉海樓石印本，第19—20頁。

勃興，金文學作為古文字學的一個重要部份，當然毫無例外。金文學研究肇興於宋而衰落於元明，到清代再度興起。以乾隆皇帝主持編纂的《西清古鑒》《寧壽鑒古》《西清續鑒甲編》與《西清續鑒乙編》等所謂"西清四鑒"的問世為標誌，清代金文學研究拉開序幕。關於清代金文學發展的概況，曾憲通曾做過如下分析：

> 乾嘉時期是依仿宋人而略有更張，在個別問題上雖有優於前人的地方，但在總體上並沒有超越宋人研治的範圍。道咸時期開始了新的探索，有好的也有不好的。從好的方面來說，逐步形成清人自己的特色。同光時期進入新的階段，以精鑒別、詳考證為特點。潘祖蔭、陳介祺辨偽經驗豐富，鑒別精嚴，一般偽器難以逃其法眼。考證方面，吳大澂、劉心源精於字形分析，晦塞為之廓清；方濬益、孫詒讓不但文字、聲韻、訓詁兼通，且熟悉典籍，都自覺不自覺地運用了"二重證據"法來釋讀彝銘。他們在前人研究的基礎上，或糾繆匡誤，或證成前說，或另創新解，把清代金文研究推向了高峰。①

裘錫圭也指出：

> 從乾、嘉之際開始，清人在古文字研究上才有明顯超過前人之處。道光以後，重要的金石收藏家輩出，陳介祺（1813—1884，號簠齋）是其中的代表。他們收藏的古文字資料在種類、數量、質量等方面都超過了前人。由於古文字資料的日益豐富，同時也由於小學、經學等有關學科的發達，古文字研究的水平不斷提高，到清代晚期同治、光緒時期達到了高峰。吳大澂

---

① 曾憲通：《清代金文研究概述》，《第一屆國際暨第三屆全國清代學術研討會論文集》，高雄，1993年。

(1835—1902)、孫詒讓（1848—1908）是高峰期最重要的學者。①

依據以上敘述，我們可以把清代金文學研究分為三個階段：
第一階段：乾嘉——清代金文研究之肇端。
第二階段，道咸——清代金文研究之發展。
第三階段，同光——清代金文研究之高峰。

一　乾嘉——清代金文研究之肇端

在"西清四鑒"成書之前，顧炎武著《金石文字記》，梁啟超認為此書是清代金石學開始的標誌，②主要收錄碑拓，銅器文數量少，考釋簡單，沒有對清代金文研究產生太大影響。康熙五十五年（1716）汪立名撰寫的《鐘鼎字源》③問世。宋代興起的金文學在經歷元明兩代大約四百年的沉寂之後，開始顯現出復蘇的跡象。《鐘鼎字源》是在元代楊鉤的《增廣鐘鼎篆韻》基礎上加以增改而成的，而《增廣鐘鼎篆韻》（共七卷），又是對薛尚功《廣篆韻》的增補，薛書早已亡佚，楊書增添的內容又很複雜。汪立名的《鐘鼎字源》雖然是在《增廣鐘鼎篆韻》的基礎上寫成的，卻經過了較大的刪改。比如《增廣鐘鼎篆韻》中除了青銅器銘文外，還收錄一些經典、遺文字書以及碑銘等，汪氏《鐘鼎字源》將銅器銘文之外的其他文字全部刪去進而形成這部書的特色，類似於後代的金文字典。銘文字體摹寫整齊劃一，不能反映原器字形的面貌。內容方面，高明認為汪立名"對金文的辨識能力，並不比前三百餘年的楊鉤強多少"④。嘉慶年間莊述祖著《說文古籀疏證》，用鐘鼎古文與《說文》相對照，其

---

① 裘錫圭：《文史叢稿》，上海遠東出版社1996年版，第145—146頁。
② 梁啟超：《清代學術概論》第十六節，上海古籍出版社1995年版。
③ 此依據掃葉山房石印本。
④ 高明：《中國古文字學通論》，文物出版社1987年版，第26頁。

方法是可取的，但否認文字的發展過程，而且對所據的鐘鼎文又認識有限，難免錯誤百出。李慈銘評論說：

> 鐘鼎多贗物，又傳模多失真，讀者亦多以意說，莊氏條例中亦自言之，而據此欲正秦篆之失，追頡史之遺，大率支離謬悠鑿空可笑。①

從汪氏和莊氏的著作裡可以看到清代金文學興起之前的水平，從中瞭解清代學者研究的起點。清代金文學興起原因上文已經闡述，除此之外，金文學於乾嘉時期得到空前發展的直接動力還可以概括為兩點：王朝的提倡和學者的重視。到了乾隆、嘉慶時期，清王朝經過近百年的努力，政治已經穩固。清朝的貴族對漢文化的接受和漢族士大夫對清的統治認同的局面均已形成，清王朝的注意力也由政治和軍事轉向文化與學術。提倡儒家經典之學，推崇樸學。宋代就被用作證經補史的金石學，清代獲得更加廣泛發展的空間。② 清乾隆十四年（1749）乾隆皇帝命梁詩正等人編纂《西清古鑒》四十卷。乾隆後又敕命編《寧壽鑒古》十六卷。③ 乾隆四十六年（1781）又敕命王傑等編《西清續鑒甲編》二十卷。同時編成《西清續鑒乙編》。以上四書一般稱為"西清四鑒"，下面分別加以介紹。④

《西清古鑒》四十卷

後附有《錢錄》十六卷，梁詩正等奉敕編。現存最早版本為乾隆二十年（1755）內府刻本，後有光緒十四年（1888）邁宋書館的日本銅版本，同年鴻文書局石印縮本，光緒三十四年（1908）集成圖書公司石印縮本和民國十五年（1926）雲華居廬石印縮小本。

---

① 李慈銘：《越縵堂日記》，臺北世界書局1975年版，第518頁。
② 參見朱鳳瀚《古代中國青銅器》，南開大學出版社1995年版，第28頁。
③ 具體編寫年份不詳，根據有關資料可以大致認定為乾隆四十四年（1779）。
④ 以下介紹清代金文著錄的內容中，關於收錄古器數量、類型、版本流傳情況和考釋得失多引自容庚《清代吉金書籍述評》一文，載《學術研究》1962年第2、3期。

乾隆十四年（1749）十一月初七日乾隆皇帝下詔書，命尚書梁詩正、蔣溥、汪由敦率同内廷翰林，仿照《博古圖錄》體例編訂此書，乾隆十六年（1751）五月完成。書前開列參與編寫《西清古鑒》的三十七位臣職名：分監理、編纂、摹篆、繪圖、武英殿繕書、校刊、監造等。書後有梁詩正、蔣溥、汪由敦、嵇璜、觀保、裘曰修、董邦達、金德瑛、王際華、錢維城、于敏中十一人的跋。接著列總目：卷一至卷七鼎二百三十三；卷八至卷十一尊一百五十八；卷十二罍十七；卷十三、十四彝六十七，舟五；卷十五至卷十七卣九十五；卷十八瓶十九；卷十九至卷二十二壺一百七十三；卷二十三爵四，斝十三，觚二十九；卷二十四、二十五觚八十七；卷二十六觶四十二，角三，斗二，勺一，卮二；卷二十七、二十八敦四十九；卷二十九簠十六，簋七，豆十七，鋪一，鏊一；卷三十甗二十四，錠二，鐙一；卷三十一鬲十六，𨡦十二，盉二十九，冰鑒四；卷三十二匜三十一，盤十七，銚一；卷三十三洗四十，盂十四，盆一；卷三十四量一，區一，鐘四，斗一，瓿三十，缶一；卷三十五盦六，鐎斗九，奩七，罐三，臼一；卷三十六鐘四十二，鐸四，鈴二；卷三十七錞四，戚六，鐃十，鼓十四；卷三十八刀一，劍三，弩機二，符一，钁二，杠頭三，儀器飾五，杖頭一，鐓七，鳩車一，表座三，硯滴六，書鎮三，糊斗三，鑪十五，匕首一；卷三十九、四十鑒九十三。共六十七種，一千五百二十九器。每卷有器目，繪圖，尺寸，重量，但不記容量。有摹銘、釋文及考證。所收古器從商至唐，而以商、周銅器為多。

　　該書對所收銅器不進行分類，沒有總說。此外，繪圖時對原器的縮放本應有個標準，說明縮小的比例，以便讓人對器的大小有個直觀認識，比如《枎林館吉金圖識》，圖小於原器十分之幾皆在標題之下標出，《古鑒》沒這麼做，個別的器大圖小，器小圖大。銘文為臨寫，一律加以縮小，並且變異行款，加上臨摹水平有限，所以未能逼真。下面以猒鐘拓片與《西清》所載摹本作一對比，其摹銘優劣便一目了然。

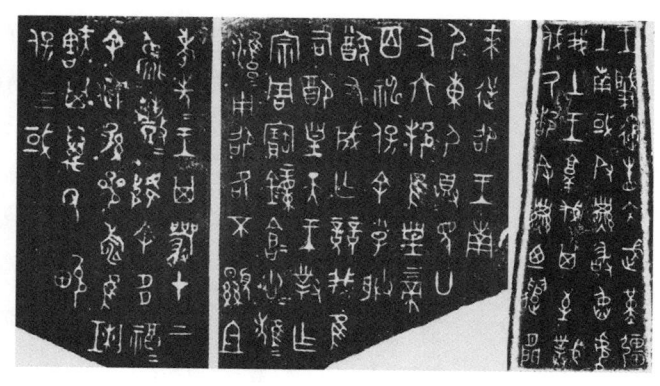

圖 2-1　拓片（《集成》編號 260）

圖 2-2　摹本（《西清》36.4）

此外，排比方面也有諸多錯誤。① 釋文錯誤更多。此書編者都不

---

① 容庚云：《古鑒》對於器類的排比次序，大概是依照《博古》之舊。《古鑒》著錄素錠一器（三十：二七），形制完整，謂"其爲燃燭者無疑"，就不應與甗同爲一類。聖得鐙乃有盤的行鐙，是一件照明器，更不應與甗同一類，這是再誤。其次同一器名，排列零亂。如內公鼎三器，形狀、花紋相同，一名太公鼎，列在卷二頁八；二名鑄鼎，列在卷三頁十九；三名蟠夔鼎，列在卷六頁一。太公鼎釋云："太公意爲呂公望，然田齊亦有後太公，蓋不可考矣"。鑄鼎釋云："《左氏傳》：臧宣叔娶於鑄。杜預注：鑄，國名。銘曰鑄，是其征也"。蟠夔鼎只辨作用二字，故無說。內即芮國，釋芮公爲太公，固然是錯誤。第二器九字亦有七字可識，何至以鑄爲國名。參見《清代吉金書籍述評》（上），載《學術研究》1962 年第 2 期。

是古文字方面的專家，所以凡是稍有難度的字一概不識。考釋往往望文生義，不為人所信服。此外對族氏銘文缺乏正確的認識，其中很重要的原因是為當時認識水平所限，存在很多牽強附會的毛病。

《寧壽鑒古》十六卷

無撰人姓名。較早的版本有民國二年（1913）商務印書館依寧壽宮寫本縮小石印本。此書體例與《西清》相同，無敕撰年月，無諸臣職名，此書的編纂時間史書也沒有記載，根據有關資料判斷，約完成於乾隆四十四年前後。① 阮元《積古齋鐘鼎彝器款藏》曾採用趙秉沖的摹本或拓本，而這些摹本或拓本又多見於《寧壽鑒古》和《西清續鑒》甲、乙編三書，據此推測趙氏大概參加了摹篆工作。

書前列總目：卷一、卷二鼎八十二；卷三至卷五尊一百一十四；卷六罍七，彝十二。舟七；卷七卣十七，瓶九；卷八、卷九壺九十；卷十爵五，斝四，觚四十五；卷十一觶十一，勺一，卮六，敦四，簠三，簋三，豆六，鋪一；卷十二甗二十，鐙三，鬲十二，鍑一，盉七，冰鑒四，匜二十四；卷十三盤五，洗十五，盂一，瓿七，缶一，盒三，鐎斗一，奩九，罐五，臼一；卷十四鐘五，鐸一，鈴二，戚一，鐃二，戈一，弩機一，帳構一，杖頭一，鐮六，鳩車一，表座六，登足一，硯滴三，書鎮三，鑪十八；卷十五、十六鑒一百零一；共五十三種，七百零一器。此書考釋水平不高，這是"西清四鑒"普遍存在的問題，劉雨評價云：

> 由於辨偽工作沒作及斷代存在嚴重的錯誤，加上編纂諸官無一是古文字學的專家，稍難辨認的古文字一概不認識，這樣作出的釋文必然錯誤甚多。據此釋文再做考證，牽強附會，就

---

① 《西清續鑒甲編》中收錄于伯和鼎（一：九）、執物壺（八：四四）、大吉洗（十五：二四）均云："說見《寧壽鑒古》"；木方壺（九：五六）云："《寧壽鑒古》有周木觚"，故知此書編纂在《西清續鑒甲編》之前，《西清續鑒甲編》是乾隆四十五年（1779）下詔書編纂的。

更加錯誤了。其釋文及考證以今天的水準看，簡直沒有什麼可取之處。因此，我們讀"四鑒"，不理會其釋文和考證是完全可以的。①

如樂天鐘（十四：一），其實這是子璋編鐘的後一半，前一半見於《西甲》（十七：二六）。兩鐘銘文合在一起爲："匜以喜，用樂父兄諸士，共眉壽無基，子子孫孫永保鼓之。"編者不知，將後一半銘文解釋爲："眉壽無諆，匜以喜，用樂天○之，其子子孫孫永保鼓之。"而且詳加考釋："案：薛尚功《鐘鼎款識》載許子鐘銘計六十四字，中有'用匜以喜，用樂嘉賓'，又有'萬年無諆，眉壽無己，子子孫孫永保鼓之'等句，銘似節取其詞，而樂天字爲此鐘所獨。《孟子》云：'樂天者保天下'，或取義於此。諆與其古文相通。匜《玉篇》以爲宗廟盛主之器。《周禮·春官》：'祭祀則共匜主'，然則是鐘亦用之宗廟中耳。"在錯誤的基礎上作考釋，就難免失之毫釐謬以千里了。

《西清續鑒甲編》二十卷（附錄一卷）

王傑等奉敕編纂，最早的版本是宣統三年（1911）商務印書館依寧壽宮寫本縮小石印本。

乾隆四十五年（1779），也就是《西清》書成之後三十年，乾隆皇帝再下詔書，將內府續得諸器編爲《西清續鑒》，當時沒有完成。又經過十三年，命王傑等校補、繕寫、繪圖，於乾隆五十八年十月最終完成。後有王傑、董誥、彭元瑞、金士松、玉保、瑚圖禮、那彥成七人署名的跋。②

書前列總目：卷一至卷四鼎一百七十六；卷五至卷七尊六十五，罍二，彝七十四；卷八至卷十舟五，卣二十一，瓶十，壺一百三十七；卷

---

① 劉雨：《乾隆四鑒綜理表·前言》，中華書局 1989 年版，第 11 頁。
② 容庚《國朝宮史續編》（九三：六）云："乾隆五十年敕纂內府續藏諸器爲《西清續鑒》，五十九年校補繕繪集成。" 與跋不甚符合，諭纂當在四十五年。參見《清代吉金書籍述評》（上），載《學術研究》1962 年第 2 期。

第二章 清代金文研究概覽 55

十一爵九，斝四，觚三十四；卷十二觶十四，角二，觥二，羽觴一，斗二，勺一，卮五，敦三十；卷十三簠四，簋二，豆六，鋪二，鏊一，甗二十二，錠一，鐙三；卷十四鬲十七，鍑五，盂八，冰鑒二，匜七；卷十五盤十三，銷一，洗三十六；卷十六孟八，鍾一，升一，瓿十四，缶一，盒一，鐎斗四，盦七，罐五；卷十七鐘二十八，鐸五，鈴三，錞一，戚一，鐃三；卷十八鼓四，劍二，弩機二，矢箙一，杠頭一，鏃七，表座一，硯滴三，書鎮五，鑪八，匕首一，方釴一，錢范一；卷十九、二十鏡一百。共六十四種，九百四十四器。

《西甲》（十七：一：十八）中有一套編鐘，是乾隆二十六年在臨江出土的春秋時期吳國樂器。共有十一枚，而流傳至今的僅四件，其餘的只有靠《西甲》保存了完整的資料。此書摹篆比較草率。齊侯鍾（十六：九），容庚曾對臨銘文得二十七行，郭沫若《兩周金文辭大系》收錄容庚摹本（二五〇頁），《西甲》所摹只有十六行，較爲清晰的七行反漏摹（見下圖）。① 此外，銘文考釋也有很多錯誤。

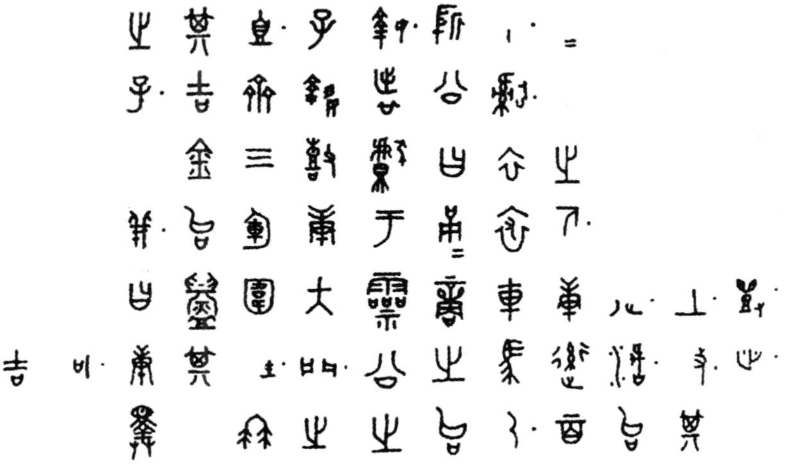

圖 2–3　郭沫若《兩周金文辭大系》所載容庚摹本（之一）

---

①　因拓片銹蝕殘泐故不給出，可參閱《集成》，編號 9733。此外，《集成》收入張光遠《春秋晚期齊莊公時庚壺考》一文中的摹本，可參看。

圖 2-4　郭沫若《兩周金文辭大系》所載容庚摹本（之二）

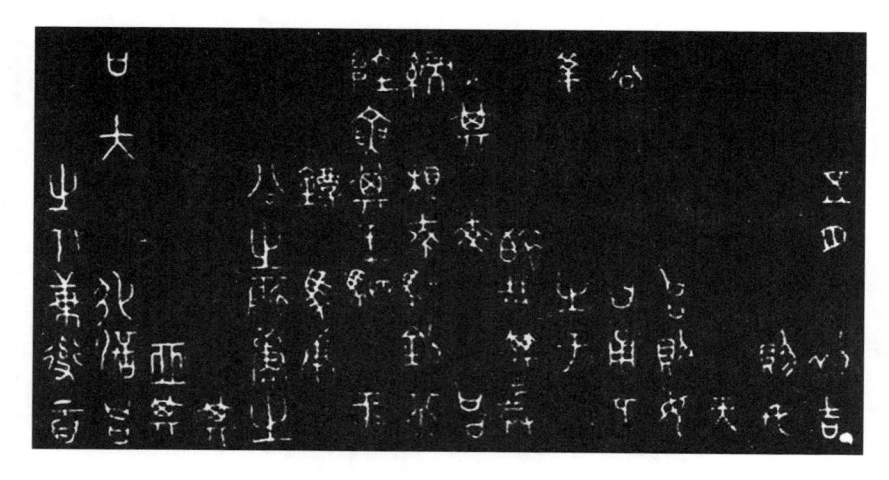

圖 2-5　《西甲》摹本

《西清續鑑乙編》二十卷

此書也無編纂人姓名，但《西清續鑑》甲編有跋云："其藏之盛京者，厘爲乙編"，據此可知此書仍爲王傑等人所編纂。最早的版本爲民國二十年（1931）北平古物陳列所石印本。

书前列总目：卷一至卷四鼎一百七十四；卷五至卷七尊六十六，罍六，彝七十一；卷八至卷十舟三，卣二十，瓶八，壶一百三十六；卷十一爵二，斝五，觚三十六；卷十二觯十，角一，卮三，敦二十九；卷十三簠一，簋二，豆六，铺三，甗二十一，錠一，鐙三；卷十四鬲十四，鍑八，盂十二，冰鉴五，匜九；卷十五盘十五，洗二十八；卷十六盉七，鍾一，瓿二十八；卷十七缶二，盦一，鐎斗三，奩六，罐四，钟十六，铎三，铃一，铙一；卷十八鼓五，剑一，弩机一，扛头二，镦四，砚滴二，书镇二，鑪十，带钩一；卷十九、二十镜一百；共五十一种，九百器。除了"四鉴"普遍存在的考释水平不高，辨伪工作太差以外，《西乙》的摹铭还有诸多错误。①

"四鉴"共著录青铜器四千零七十四件，其中有铭铜器一千一百七十九件。除了其中的一百八十九件可知下落者外（其中一百五十五件在台湾），其余九百九十件都已下落不明，而这仅存的九百九十件中，只有一百七十九件可见于后世的著录，其余的七百八十件，只能依靠"四鉴"保存其形制和铭文，这也许是"四鉴"最大的价值。

"四鉴"存在的问题，除了上述的铭文考释水平较差之外还有两个。首先是辨伪问题。有铭文的一千一百七十九件中，伪器和疑伪器有四百九十七件，约占总数的三分之一，无铭的伪器更多，其中宋代著录的有铭铜器，鸟兽形器和错金银器几乎全是仿造的。其次是断代问题。"四鉴"所作的断代，就是在器名前面加上商、周字样。现在发现的商代青铜器几乎均属商代晚期，所以商代器冠以"商"尚可；周代则不同，作为中国古代青铜器最辉煌的时期，整个周代延续八百多年，这八百多年中，青铜器的发展变化是很大的，冠以"周"字

---

① 容庚指出此书摹铭的错误有：綦觚（十一：十一）▽误摹作▽；举彝二（六：四五）、册彝（七：十）铭皆倒书，弦纹鼎五（四：十五）、车尊（五：十六）皆变易行款；国差瓿（十六：九）缺摹口上一字，亚尊二（五：十八）铭三字缺摹父乙两字，立戈甗（十三：二十）铭两字只摹一字，弦纹鼎十三（四：二三）、弦纹鼎十六（四：二六）、著尊（六：十五）、夔纹盘（十五：七）、兽环瓿（十六：三五）皆不知有铭。见《清代吉金书籍述评》（上），载《学术研究》1962年第2期。

顯得過於籠統，這樣的斷代實際上沒有太大意義。即便如此，還有好多錯誤，將殷器誤斷作周代的最多，將周器斷為殷代的也不少，有銘銅器斷代有誤的約佔一半以上。① 此外，"四鑒"皆無總說，沒有分類，體例上還不甚完備。

此四部書雖然偽器甚多，說解也有錯誤，摹寫常有失真，但對日後金文學的影響很大。其影響之一便是引發了民間搜集著錄青銅器的熱潮。"清乾隆以內廷鐘鼎尊彝凡千五百二十九器敕梁詩正等仿宋《博古圖》例為《西清古鑒》四十卷，餘風所播，群下承之。"② 從此以後，彝器之學復興而藏家輩出，清代青銅器的著作開始繼續發展。談及清朝金文著錄的情況，王國維曾云：

> 古器物及古文字之學，一盛於宋，而中衰於元明。我朝開國百年之間，海內承平，文化溥洽。乾隆初，始命儒臣錄內府藏器為《西清古鑒》。海內士夫聞風承流，相與購致古器，蒐集拓本。其集諸家器為專書者，則始於阮文達之《積古齋鐘鼎彝器款識》，而莫富於吳子苾閣學之《攈古錄金文》。其著錄一家藏器者，則始於錢獻之別駕之《十六長樂堂古器款識》，而訖於端忠敏之《陶齋吉金錄》，著錄之器，殆四倍於宋人焉。③

朱劍心云：

> 清初百餘年間，海內清平，而文網綦嚴，於是承學之士，相率而遁於樸學之塗，金石則其一也。且其時金石器物之出於丘隴窟穴者，更十數倍於往昔，宜其流派之宏，著述之富，更遠過於

---

① 曾憲通：《清代金文研究概述》，見《第一屆國際暨第三屆全國清代學術研討會論文集》，高雄，1993年。

② 錢坫：《十六長樂堂古器款識考》後附商承祚跋，民國二十二年（1933）開明書局翻刻本。

③ 《國朝金文著錄表·序》，民國十七年石印海寧王忠慤公遺書本。

宋人矣。①

清代學者很早就注意到金文的學術價值，即印證經籍、辯證歷史。阮元云："吾謂欲觀三代以上之道與器，九經之外，捨鐘鼎之屬，曷由觀之！"② 隨著《說文》研究的發展，學者們開始注意到銅器銘文和《說文》間的關係，將其視作可據之重要材料。段玉裁云：

> 郡國往往於山川得鼎彝，其銘即前代之古文，皆自相似。是六經以古文傳，而所謂古文者，即如商周鼎彝之書，今世學者或未能知之也。許叔重之為《說文解字》也，以小篆為主，而以其所知之古文大篆附見。當許氏時，孔壁中《書》《禮》未得立於學官，鼎彝之出於世者亦少，許氏所見有限，偶載一二，亦其慎也。許氏以後，三代器銘之見者日益多，學者摩挲研究，可以通古六書之條理，為六經輔翼。③

段玉裁、朱駿聲、桂馥和王筠等皆利用金文來研究文字學，在此過程中逐漸發現金文不僅可以證補《說文》，而且還可以校正《說文》之誤，這樣，學者們一方面增強了對金文的重視，另一方面也意識到《說文》並非完書。王筠甚至旗幟鮮明地指出："毋視《說文》為完書也。"④ 這種認識對古文字研究來說，無疑是具有劃時代意義的，其影響不只局限於乾嘉時期而是整個清代甚至更遠。

《十六長樂堂古器款識考》四卷

有了王朝的提倡和學者的重視，金文著錄與研究逐漸形成風氣。

---

① 朱劍心：《金石學》之《序例》，文物出版社1981年版，第1頁。
② 阮元：《商周銅器說·上篇》，《積古齋鐘鼎彝器款識》，嘉慶九年（1804）自刻本。
③ 段玉裁：《薛尚功歷代鐘鼎彝器款識法帖二十卷寫本書後》，《段玉裁遺書》下冊《經韻樓集》卷七，大化書局1977年版，第5—6頁。
④ 王筠：《說文句讀》卷二十九，上海古籍書店1983年版，第11頁。

嘉慶元年（1796），嘉定人錢坫彙集自家藏器，編錄《十六長樂堂古器款識考》四卷（附《浣花拜石軒鏡銘集錄》二卷）刊行。此書最早的版本是嘉慶元年（1796）自刻本，其後有民國十年（1921）百一廬金石叢書石印本以及民國二十二年（1933）開明書局翻刻本。①

作者錢坫，（1744—1806），江蘇嘉定人。清代書法家。字獻之，號小蘭、十蘭。乾隆三十九年（1774）舉人。生平改經史，精訓詁，明輿地，尤擅長小篆，著述甚豐。有《十經文字通正書》《聖賢冢墓志》《十六長樂堂古器款識考》《浣花拜石軒鏡銘集錄》《篆人錄》等傳世。

此書成書於乾隆末年。前有篆書書名，接下來是自敘和目錄。收商代鼎、瓿、觶、角、爵共七器，周代鼎、彝、簋、觶、爵、卣、尊、甗、盉、匜、斗、匕首共二十二器，秦代師比一器，漢代虎符、洗、行燭盤、車釭、杖、鳩車共八器，新莽虎符、布、刀、泉範共七器，魏造象一器，隋魚符一器，唐符二器，通計四十九器。商周器計二十九件，其中有銘者二十二器。每器用漢建初慮俿尺量出其大小，對形狀、花紋、銘文的記錄也很詳細。銘文用鈎摹，較為精確。錢氏自敘云：

> 乾隆癸卯（四十八年，公元1783）以後，宦遊秦甸，至今十餘歲矣。間得商、周、秦、漢器物，必描其故事故言……念諸器物中，有足證文字之源流者，有足辨經史之譌舛者，皆有裨於學識。因衷其稍異，見所藏弄者，剖為一編，鼎、彝、簋、爵、尊、匜、隨手記之，不複次第。至於泉、刀小品，有可發明史書者載入，否者不載。魏、晉至唐時者並附焉。

此書所收器物雖少，但選擇甚精。從錢氏自敘中看出這是他十餘年來苦心積累成果。商承祚云：

---

① 民國十年（1921）百一廬金石叢書石印本無《古器款識考》，民國二十二年（1933）開明書局翻刻本無《鏡銘集錄》。

> 清乾隆以內廷鐘鼎尊彝凡千五百二十九器敕梁詩正等仿宋《博古圖》例為《西清古鑑》四十卷，餘風所播，群下承之。阮伯元之《積古齋鐘鼎彝器款識》，吳荷屋之《筠清館金文》等踵起者凡十餘家，然皆有款識而無圖像，且皆採錄各家所成。若以一家所藏，既錄文字，復摹器形以為專書者，則首推錢十蘭之《十六長樂堂彝器款識》，摹刻之精，媲美古鑑。①

可見對其質量是充分肯定的。雖然商氏認為"媲美古鑑"，但總的看來，其摹本質量超過"四鑑"。下面將《十六》摹本與拓本作一對比：

圖2-6 《集成》收錄考古研究所拓本（編號4041）

---

① 見民國二十二年（1933）開明書局翻刻本《十六長樂堂古器款識考》所附商承祚跋。

图 2-7 《十六》所载刻本（第 2 卷之 3）

钱氏自叙又云："余自少留心斯业，每欲汇集《博古》等书，递加匡正，但恐数经传刻于形制笔划再失再讹，既枉费覃精，又无补实用。"可见期态度之谨慎。由于收录的数量少，其得失可以一一列举如下：

定名之误：格伯簋称为癸子彝，宰椃角称为父丁角，大祝禽鼎称为大祝鼎，而禽簋称为祖辛彝，兮仲簋称为平仲簋，"为"字误释作

"象",因而稱立盨爲立象簋,皆誤,這些問題容庚和商承祚均已指出。①

考釋得失:錢氏此書最大貢獻就是準確釋出"殷"字:錢氏云:

> 明堂位曰"有虞氏之兩敦,夏后氏之四璉,殷之六瑚,周之八簋",是周人不名"敦"。鄭康成注之曰:"皆黍稷器,制之異同,未聞所云。"未聞者,言周之"簋"與璉瑚及敦之形制,康成未聞之也。康成當漢時,不應不識簋,惟未見敦與璉瑚故云而。且《周禮》舍人注云:"方曰簠,圓曰簋。"是康成之於簠、簋考之詳矣。《說文解字》簋從"竹"、從"皿"、從"皀",此所寫之"皀"即"皀"字,"皀"讀如香。古之簋或以竹作,或以瓦作,故竹、皿並用。此則改竹、皿而從"攴"。若敦字從"攴"、從"𦎫","𦎫"從"羊"、從"㐭",筆跡不能相近,是不得釋"敦"字之明證也。②

宋代以來稱"殷"為"敦",到這裏終於得到更正。但錢氏將遲簋和立象簋中的"盨"字也釋爲"簋",則誤。商承祚云:

> 諸家皆以"殷"即小篆"簋"字之所從出。《禮經》所謂"簋"者,即傳世之"殷"也。簋是否為"殷"之變,固嘗疑之。試賭所謂簋器者,器銘文大率作"𣪘",傳寫失真,遂譌為"𥃲"。與其謂簋之為"殷",何若謂"盨"之誤為"簋"?禮經多"簋"之明文,傳世多"殷"之古器,雖相脗合,無寧于文字中求之為得其實也,其最當者即"殷"、"𣪘"、"盨"之名以今隸寫定,則

---

① 參見容庚《清代吉金書籍述評》(上),載《學術研究》1962 年第 2 期;民國二十二年(1933)開明書局翻刻本《十六長樂堂古器款識考》附商承祚跋。
② 錢坫:《十六長樂堂古器款識考》,民國二十二年(1933)開明書局翻刻本,卷二,第6—8頁。

無害于古，無傷于今矣。①

此外錢氏將兮仲簋稱爲平仲簋，考釋云："平字作兮，古無以兮字爲名者，當是平字省寫而譌亂耳。"以其所見輕易下此結論，不能讓人信服。

《商周文拾遺》三卷

幾乎與錢坫著《十六長樂堂古器款識考》同時，海鹽人吳東發著《商周文拾遺》三卷。② 現在所能見到的最早版本是 1924 年中國書店石印本。

吳東發（1747—1803），字侃叔，號芸父，海鹽人。清嘉慶元年（1796）貢生。嘗從錢大昕遊。曾受阮元之聘，參加《經籍籑詁》的編寫工作。通金石文字，阮元的《積古齋鐘鼎彝器款識》中子父乙爵、禽鼎、余爵壺等器，均引吳氏之說。著有《六書述》《石鼓文讀》《鐘鼎款識釋文》等。

此書前有吳昌碩題簽，褚德彝序。卷上商器七，卷中周器八，卷下周器六，共收錄釋注二十一器。見於宋代著錄的二十器，見於清代著錄的一器。此書成書時間相當於《西甲》和《西乙》或稍晚，當時沒有刻本。編寫初衷是校薛氏《歷代鐘鼎彝器款識》，銘文傳抄有很多譌誤。考釋也有諸多錯誤：如將己酉彝定爲周器；釋"䇂"為"昭"字，釋"𦣻"為"相"字，宋代以來一直釋"𦣻"為"相"，直至晚清孫詒讓才正確考釋出此字為"眚"，通"省"，所以不能盡責於吳氏。余義鐘之"余義"釋為"許偯"等。③ 牽強附會，不能取信於人。但也有個別考釋可圈可點，如釋師尚父敦之"内公"為"內公"，明確"內"和"芮"的通假關係，並引用經典加以證明。又如

---

① 錢坫：《十六長樂堂古器款識考》附商承祚跋，見民國二十二年（1933）開明書局翻刻本。

② 此書於吳東發去世前未有刻本，具體編著年代不可考。吳東發卒於嘉慶八年，只能據此推斷其大致年代。

③ 吳東發：《商周文拾遺》卷中，中國書店 1924 年石印本，第 8 頁。

利用銘文內容和《左傳》相關記載考證獸敦中的伯和父為和伯。① 這些都已經得到公認，銘文摹寫過於姿媚，不能反映原銘面貌。

《積古齋鐘鼎彝器款識》十卷

嘉慶九年（1804），揚州人阮元著《積古齋鐘鼎彝器款識》十卷，此書最早版本是嘉慶九年（1804）自刻本，② 其後有光緒五年（1879）崇文書局翻刻本，光緒八年常熟抱芳閣翻刻本③以及《皇清經解》二卷本。

阮元（1764—1849）字伯元，號芸臺、雷塘菴主，揚州儀徵人。清代嘉慶、道光間名臣。他是著作家、經學家、金石學家，在經史、輿地、金石、校勘等方面都有很高的造詣，被尊為一代文宗。

《積古齋彝器款識》編寫初衷是想集一書以續薛尚功《歷代鐘鼎彝器款識法帖》。書首有阮元的自序和朱為弼的後敘。商周銅器總說兩篇，上篇論古銅器銘文的意義。"欲觀三代以上的道和器，九經之外，捨鐘鼎之屬莫由得見。"下篇論三代之時，鼎、鐘為最貴重，列舉周代以前對器的記載，漢代至唐、宋器的發現。目錄計商器一百七十三，周器二百七十三，秦器五，漢器九十二，魏器三，晉器四，共款識五百五十器，自序說是五百六十，與實際收錄相差十器。《積古齋彝器款識》自序談及自己對古器的喜愛和銘文的價值云：

> 余心好古文奇字，每摩挲一器，榻釋一銘，俯仰之間，輒心往於數千年前，以為此器之作，此文之鑄，尚在周公、孔子未生以前，何論秦漢乎。由簡冊而卷軸，其竹帛已灰燼矣，此乃巋然獨存乎世，人得西嶽一碑、定武片紙即珍如鴻寶，何況三代法物乎。世人得世綵書函、麻沙宋板即藏為秘冊，何況商周文字乎。④

---

① 吳東發：《商周文拾遺》卷中，中國書店 1924 年石印本，第 17 頁。
② 後收入《文選樓叢書》。
③ 後收入《後知不足齋叢書》。
④ 據嘉慶九年（1804）自刻本。

此書銘文根據拓本和摹本摹入，書中阮元利用自己出色的經學水平來給銘文作考釋，但短處較多，在斷代、辨偽、銘文考釋等方面都有很多錯誤。① 乙亥鼎為偽造，銘文草率，阮元不知，於是創"草篆"之說以附會（見下圖）。

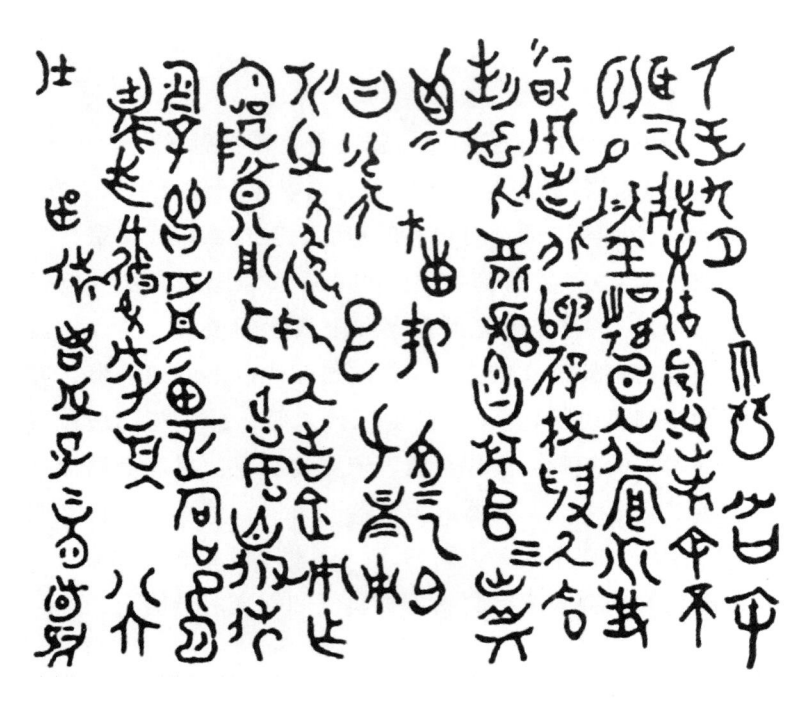

圖2-8　《積古》（卷4之41）所錄乙亥鼎摹本

也有些獨到見解，比如阮氏認為宂簠的"還"應讀為"縣"。考釋云："還通寰，寰古縣字。《穀梁·隱公元年》傳'寰內諸侯'，《釋文》：'寰音縣，寰內，圻內也。'"②

現在我們對這一時期金文學研究作一評價。以上所列三部書，加

---

① 容庚：《清代吉金書籍述評》（下），《學術研究》1962年第3期。
② 嘉慶九年（1804）自刻本，卷七，第4頁。俞紹宏曾對《積古》釋字情況進行過專門統計，可參閱《〈說文古籀補〉研究》第三章第三節。

上官方編錄的"西清四鑒"便是這個時期主要的金文著作,我們評價這一時期的金文學成就,主要依據這幾部著作。潘祖蔭在《攀古樓彝器款識·自序》中曾言:"鐘鼎彝器之學,萌芽於漢,昌於宋,極盛於國朝乾隆中。"① 潘氏卒於光緒十六年(1890),晚清金文學的高峰時期沒能完整經歷,潘氏所謂"極盛",應該是指乾隆年間金文學於元明的沉寂之後重新興起的情形。實際上這一時期的金文著作,無論數量還是質量,都較晚清遜色許多,甚至沒有達到宋人的高度。梁啟超評價"西清四鑒":"其文字皆摹寫取姿媚,失原形,又無釋文,有亦臆舛。"② 以至梁氏在《清代學術概論》中拋開"西清四鑒",直接將阮元的《積古齋鐘鼎彝器款識》和吳榮光的《筠清館金文》視作清代金文研究的開端。劉雨云:

  總的看起來,在辨偽、斷代、釋文、考證四個方面,《四鑒》尚未達到宋代人的水平,這是因為宋代是我國歷史上古器物學、古文字學十分發達的時期,參與編纂各圖錄者多是當代著名的學者。而《四鑒》所選用的十八位編纂官,多數是當朝宰輔,學問一道在他們已是末節。③

曾憲通云:

  總之,乾隆皇帝假朝廷之威力,集天府之吉金,為後世留下了大批珍貴的資料,但由於編者多數是當朝宰輔而非學者,他們於古文字之學大多還未入門,摹篆者也並非有名的書家,摹錄既不準確,稍難辨認的字一概不懂,這樣做出的釋文很多是靠不住的,以此為根據來進行考證,就難免錯上加錯,以"乾隆四鑒"

---

① 潘祖蔭:《攀古樓彝器款識·自序》,同治十一年(1872)自刻本。
② 梁啟超:《清代學術概論》第十六節,上海古籍出版社 1995 年版。
③ 劉雨:《乾隆四鑒綜理表》,中華書局 1989 年版,第 11 頁。

與《宣和博古圖》相校，其水平可說是在宋人之下的。①

除了"四鑒"，錢坫編錄的《十六長樂堂古器款識考》共收商器七，周器二十二，其中有銘商周器加起來僅二十二。雖選擇精，記載詳，個別考釋也可圈可點，但如此區區數器，無論著錄考釋水準如何，都具有很大的偶然性，不能代表那個時代的研究水平。吳東發所著《商周文拾遺》收商器七，周器十四，其銘文傳抄很多譌誤，質量遠不及《十六長樂堂古器款識考》，也沒有達到宋代人的水平，考釋雖有創建而失當更多。阮元的《積古齋鐘鼎彝器款識》共收款識五百五十篇，其中收商器一百七十三，周器二百七十三，堪稱宏篇，編寫初衷是續薛尚功《歷代鐘鼎彝器款識法帖》，其數量已超過薛氏。②此書是瞭解清代人所能見到的青銅器銘文的第一部書，缺點不一而足，容庚將其概括為三：時代之分不明，真偽之別不明，器名之誤不明。另外摹銘多有疏漏，考釋之誤甚多。容庚有言曰："至於考釋，當識字為先。字不能識而遽加考證，正是毫釐千里。"此為批評阮氏之語。但阮元作為當時的經學大師，他能徵引銅器銘文來研究經學和小學，此種思路和方法對日後金文學研究的影響極大。但是，王國維認為阮元之《積古齋鐘鼎彝器款識》，還是"祖述宋人，略加銓次"的階段。王國維云：

古文之學，萌芽於乾、嘉之際，其時大師宿儒，或徂謝或篤老，未遑從事斯業，儀徵一書，亦第祖述宋人，略加銓次而已。③

因此我們可以說，乾嘉時期的金文研究主要是為後代開創風氣，

---

① 曾憲通：《清代金文研究概述》，見《第一屆國際暨第三屆全國清代學術研討會論文集》，高雄，1993年。
② 薛尚功《歷代鐘鼎彝器款識法帖》共收銘文五百一十一件。
③ 羅振玉：《殷墟書契考釋·後序》，藝文印書館1981年版。

提供方法，拓寬視野。雖然銘文考釋水平不高，但作為一個時代的開始，面臨的困難會更多，後世的成就，有一部份就是從批判和否定前人而獲得的。

二　道咸——清代金文研究之發展

繼乾嘉以後，道咸時期，金文研究呈現出更加繁榮的景象，金文著錄無論從數量上還是質量上講，都較清代前期有很大提高，逐漸形成了清代人自己的特色。他們探索金文考釋方法，走出了一條利用經學研究金文的路子，同時，大量的著錄也為後人留下寶貴的資料，將這個時期的金文著錄加以介紹。

《懷米山房吉金圖》二卷

道光十九年（1839）蘇州人曹載奎編錄《懷米山房吉金圖》二卷，此書有四種版本，最早的是道光十九年（1839）自刻石本，其後有蘇州尊漢閣翻刻石本，日本明治十五年（1882）翻刻木本以及民國十一年（1922）陳氏影印石本。

曹載奎（1782—1852?）號秋舫。蘇州人。性嗜古，精於鑒別，瓷器、玉器、銅器、石器無所不好。曹氏在自敘中云："今日去古已遠，多刻一家，即多見古人制作，于稽古殊有助焉。"由此可見其良苦用心。

此書用石刻方法印製，書首有張廷濟題簽，首頁張廷濟書書名。張廷濟為之作敘，結尾有營造尺式。吳榮光、劉曉華、施南金、徐楙、曹載奎等五人的跋以及王載熙、鄭國基兩人的觀款。由王石香摹文，孔蓮薌縮圖，吳松泉刻石，鄭國基校勘，摹刻頗費功夫，質量很高，容庚評價云："摹勒的正確，為以前各書所未有。"① 下面將《懷米》所收周己伯鼎摹本與拓本作一比較（《集成》名為大鼎）：

---

① 容庚：《清代吉金書籍述評》（上），《學術研究》1962 年第 2 期。

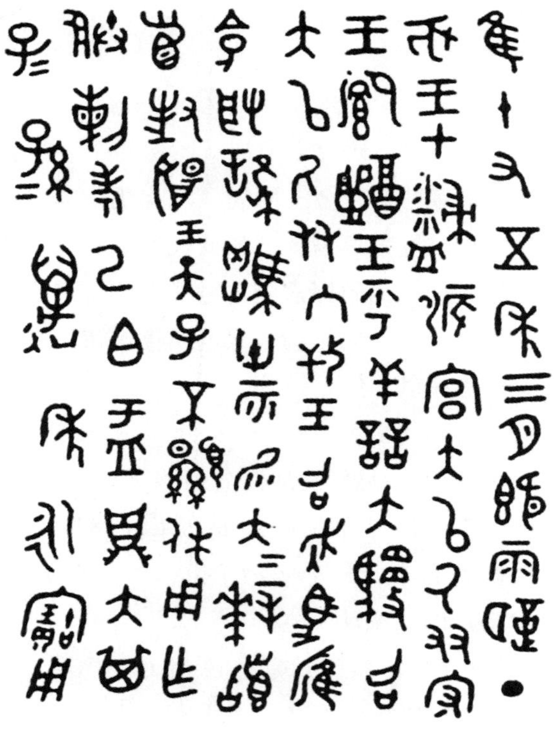

圖 2−9 《懷米》乙編第八器周己伯鼎刻石本

可以看出，因為此書用刻石方法印製，所以筆劃寬度劃一，與原銘不盡符合，這是受印刷方法的限制，而形體和行款基本符合原貌。

上卷商鼎、尊、觚、爵、角、彝、敦、卣、觶共三十件；下卷周鐘、鼎、尊、匜、壺、鬲、罍、盤、敦、簠二十四件；秦壺一；漢鍾、壺五。總計六十器。每器繪圖，記錄器名，以工部營造尺量出尺寸，以官庫平秤出重量，並記載銘文鑄刻的位置，然後摹銘文並給出釋文。

商器有的稱彝，有的稱敦，有的稱簠，總名與專名不分，定名標準混亂。真偽鑒別很多錯誤，如兩個魯公鼎乃為明清人仿造，嘉禮壺

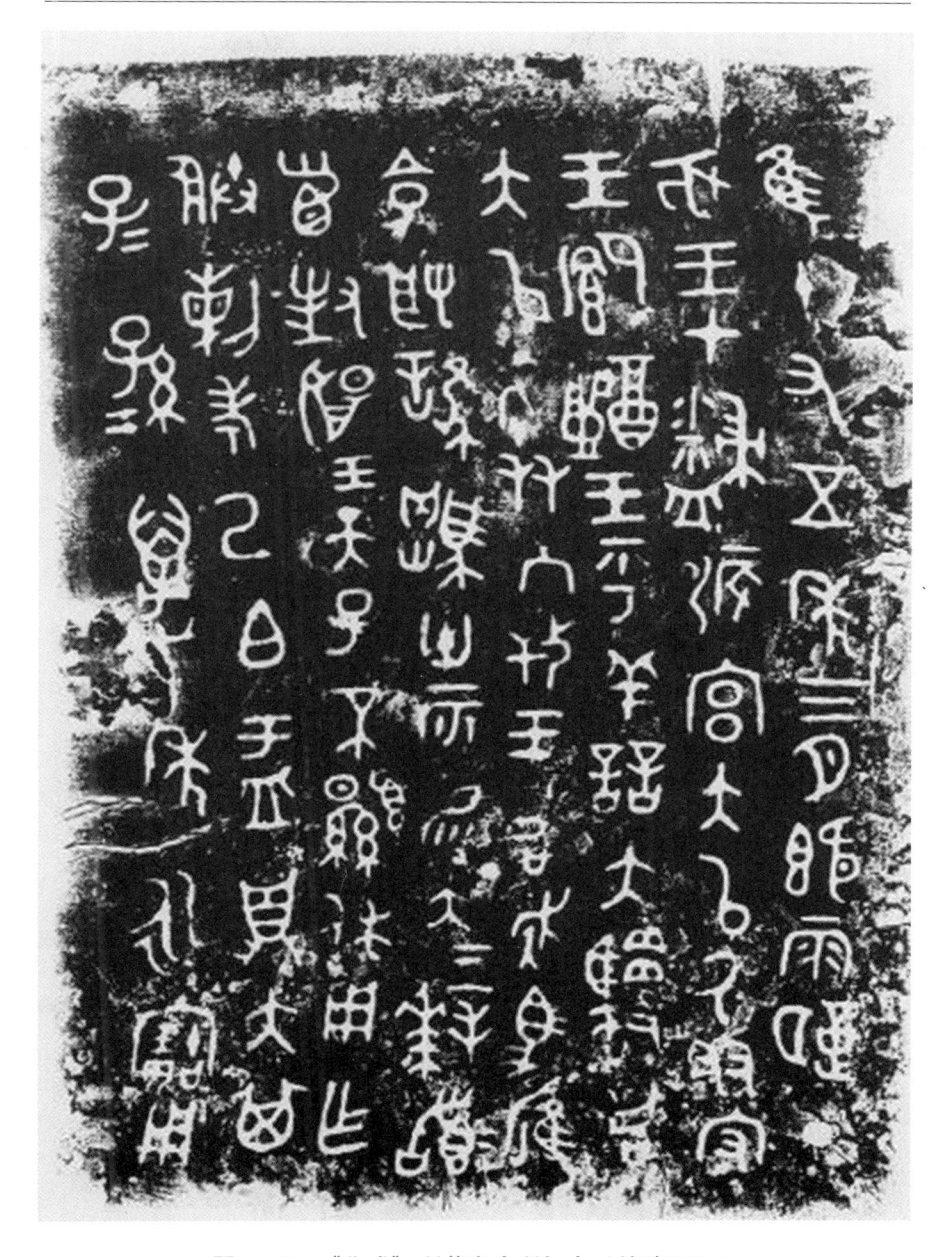

圖 2-10 《集成》所載考古所拓本（編號 2807）

乃為北宋政和年間所作仿器，這些容庚都已經指出。由於此書對銘文未加考釋，此處不予論列。

《清愛堂家藏鐘鼎彝器款識法帖》一卷

道光十八年（1838）東武人劉喜海著《清愛堂家藏鐘鼎彝器款識法帖》一卷，此書較早的兩個版本是道光十八年（1838）木刻本和光緒三年（1877）尹彭壽補刻本。

劉喜海（1793—1852）字燕庭。山東東武人。劉氏一生篤好金石，收藏甚富。

此書體例仿薛尚功《歷代鐘鼎彝器款識法帖》，前有篆書題帖名，木刻本。著錄其一家所藏之器有已侯鐘、虢叔編鐘、叔媿鼎、子執戈父乙觶、父己彝、叔妊盤、頌敦、兹女盤、叔帶鬲、姜淠簠、向卣、父癸鼎、父乙敦、禽彝、兹女盂、立戈彝、埨鼎、父戊盉、父乙角、祖癸角、咏尊、叔盉父鼎、季保彝、祖戊敦、旅輦尊、周生豆、白夫爵、父丁鼎、畢姬鬲、兮中鐘、曼龔父簠、立戈鼎、父丁爵、父辛爵、父癸爵、總共三十五器。每器標出器名，摹刻銘文，無釋文及考釋。只記載大小尺寸、重量、銘文字數和銘文所在位置。出土地、流轉情況和著錄情況等信息也間有記載。已侯鐘的考釋裡引用王引之的旋幹之說。劉氏跋中曾言及此書的編寫原則云：

> 惟不釋文，以鐘鼎古篆，宜各抒己見，證以經傳，不可執一而弗通，故從闕略。若廣採同人所藏，會最一編，姑俟異日。①

"惟不釋文，以鐘鼎古篆，宜各抒己見，證以經傳，不可執一而弗通"，從中可以看出劉氏態度之謹慎，與後來所見拓本比較，其摹刻銘文也是相當仔細。

---

① 依據道光十八年（1838）木刻本。

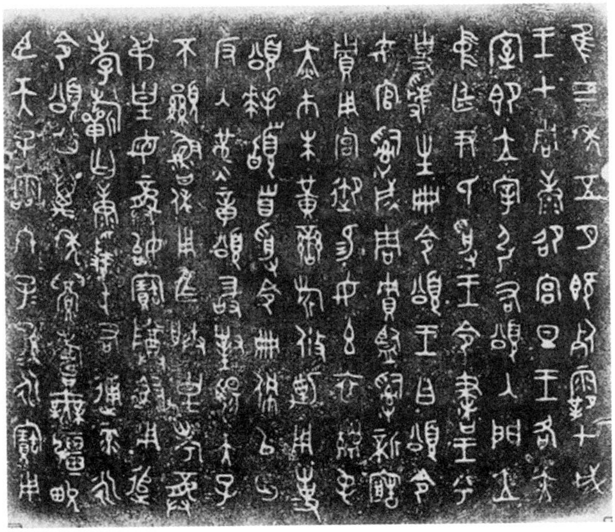

圖 2－11 《集成》所錄考古所拓本頌簋拓本（編號 4334）

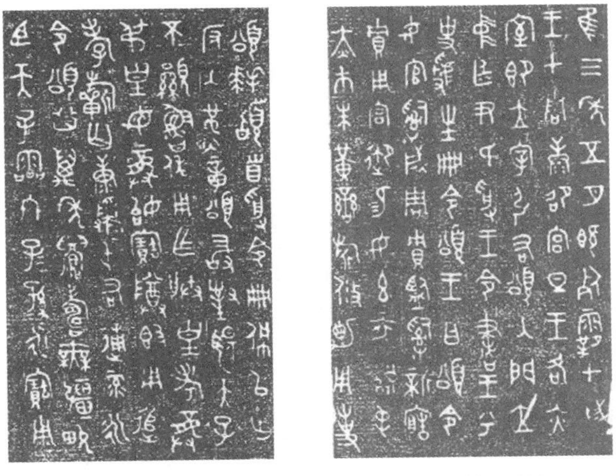

圖 2－12 《清愛》頌簋銘文刻板（第 5 頁）

此書存在器名錯誤，如嗇父盤的銘文為"嗇父作茲女寶盤"，據銘文可知"嗇父"是作器者名字，按照"器從主人"的原則應當稱爲畣父盤，而書中稱爲茲女盤，按照被作器的人命名，這是不合適的。①

《長安獲古編》一卷

劉氏於道光末年（1850）又編錄《長安獲古編》一卷，最早的版本是道光末年自刻本，後有光緒三十一年（1905）劉鶚補刻器名本。

劉氏早年在陝西、四川等地搜集關中的周代銅器、秦代詔版、漢代封泥、新莽十布、唐善業泥和宋代的多種銅錢以及保存於巴蜀的歷代碑刻拓本。他曾打算將自己藏品中的五千餘種金石拓片編集成一部幾百卷的《金石苑》，但因數量太多而未能編成，只將其中一小部分編成《金石苑》。其後在陝西搜購古器，將所得編爲《長安獲古編》。只是繪圖和摹銘而無解說，但最終沒有完成。其後所得古器續有增加，託付胡琨爲之整理。咸豐二年劉氏病逝，咸豐四年，胡琨將其有文字的一百二十三器整理編成《長安獲古編》，只是目錄，未錄圖像和銘文。光緒三十一年，劉鶚購得原板，由王瓘補寫器名印行。

著錄情況：卷一：鐘一，鼎十一，彝四，卣四，敦一，簠一，鬲二，甗一，盉二，匜一，斝一，觚一，爵八，觶三，矛一，共商、周四十二器；卷二：秦詔板四，漢鼎五，鐙二，錠一，鋻一，鋗二，盆一，弩機二，環一，師比三，不知名器二，鏡六，虎符二，唐龜、魚符四，共漢、唐三十六器；補遺秦瓦二器，漢封泥三十方，金、元官印七方，鈴一方，斗檢封三方，共秦、漢、金、元四十三器。共收銅器共八十九件，另有陶器三十二件。

《筠清館金文》五卷

道光二十二年（1842）南海人吳榮光著《筠清館金文》五卷，最早版本是道光二十二年（1842）的自刻本，後由宜都楊氏重刻。

吳榮光（1773—1843）字殿垣，號荷屋，南海人，嘉慶四年進

---

① 容庚：《清代吉金書籍述評》（下），《學術研究》1962 年第 3 期。

士。從學阮元，嫡傳阮學。此書首有自序談及自己對金石的喜愛、摹本來源等等，接著是凡例和總目。凡例云：

> 此書非續《積古齋鐘鼎款識》，亦舞擅《金石萃編》，不過記四十六年之所得，名之曰《筠清館金石錄》。而卷帙浩繁，《積古》《萃編》二書徧行海內已久，故於《萃編》所有但存其目，而二書所遺者悉錄全文。

因為款識《積古》已有專書，為了既避免重複，又能補阮書之闕，所以凡是與《積古》字畫有異或是《積古》銘文摹錄不全的則全部收入。所收商器六十七，周器一百七十二，秦器四，漢器二十一，唐器三，共二百六十七器。其中漢印垔一器，共六種，這些為封泥而非銅器。金文最初由龔自珍、陳慶鏞兩人擔任編纂。道光二十年吳氏在蘇州抄得瞿中溶金石文，並與瞿中溶的兒子瞿樹辰校訂而編成此書。吳氏認為鐘鼎因為年代過於久遠難以確定年代，所以只標示出商周，秦漢以後器因為年代確定，所以按照年代順序編入，將錢垔印垔附在款識之後。

雖然吳氏將青銅器只冠以商周字樣，但還有很多錯誤。辨偽方面也有失誤，其中收錄的兵史鼎、父己彝、戌彝、漢鐎斗皆為偽器。銘文考釋工作最初由龔自珍、陳慶鏞兩人擔任，因為此二人不懂古文字，所以難免望文生訓，牽強附會，往往在釋文錯誤的情況下考證一番。方濬益評價云："此錄釋文多出於仁和龔定盦禮部自珍，其間奇僻之論，如伯晨鼎、奭尊、亞形觴之釋，其謬誤最甚者也。"[①] 孫詒讓著《古籀拾遺》，共校正此書中二十三器，吳式芬、楊鐸、許瀚、吳雲也都曾為此書寫過校本，四人指正錯誤的，在所收銅器總數的一半以上。孫詒讓云：

---

① 方濬益：《綴遺齋彝器考釋》卷一，商務印書館 1935 年石印本，第 20 頁。

  吳書釋文蓋龔禮部自珍所纂定，自負其學為能冥合倉籀之旨，而鑿空貤謬，幾乎陽承慶、李陽冰之說，然其孤文碎誼，偶窺扃突，亦間合於證經說字，終非薛氏所能及也。①

  孫氏否定龔、陳二人的考釋，比起王國維對二人的評價來看，孫氏評價也算公允。②

《從古堂款識學》十六卷

  咸豐四年（1854），嘉興人徐同柏（字籀莊，號壽臧，1775—1854）著《從古堂款識學》十六卷。最早版本是光緒十二年（1886）同文書局石印本，其後有光緒三十二年（1906）蒙學報館石印本和《仰視一千七百二十九鶴齋叢書》刻本一卷。

  徐同柏（1775—1860或1854）字壽臧，號籀莊。浙江海鹽人，張廷濟外甥。精研六書、篆籀，著有《從古堂款識學》十六卷、《從古堂吟稿》等。

  此書以收藏的人為次序，約成著於咸豐四年（1854）。前有吳受福題篆書書名，阮元、何紹基、葉志詵三人的題跋和陳介祺的手劄。末附徐氏篆書漢河內工官弩機題字、盂鼎拓本及張鳴珂跋。每卷前有目錄，目錄每器之下直接標出摹本來源。

  卷一沈氏雪浪齋等十四家所藏十九器，卷二焦山寺海雲堂等四家所藏五器，卷三張氏清儀閣所藏商、周三十五器，卷四清儀閣所藏秦、漢二十九器，卷五沈氏雪浪齋等九家所藏三十一器，卷六清儀閣等五家所藏二十四器，卷七錢塘張氏等六家所藏二十七器，卷八、九瞿氏清吟閣所藏五十九器，卷十汀州伊氏等八家所藏十七器，卷十一秀水徐雲巢等九人攜視、寄視和拓視二十六器，卷十二方氏壺雲閣等

---

① 孫詒讓：《古籀拾遺·自敘》，光緒十六年（1890）自刻本。
② 王國維云："而俗儒鄙夫，不通字例，未習舊藝者，輒以古文所託者高，知之者鮮，利荊棘之未開，謂鬼魅之易畫，遂乃肆其私臆，無所忌憚，至莊葆琛（莊述祖）、龔定盦（龔自珍）、陳頌南（陳慶鏞）之徒，而古文之厄極矣。"見《羅振玉殷虛書契考釋·後序》，藝文印書館1981年版。有關內容可參見本章本節之三。

四家所藏十器，卷十三至十六陳氏寶篴齋所藏八十二器，附錄一器，共目錄三百六十五器，除重見十四器外，實收三百五十一器。其中收錄毛公鼎並作考釋，是考釋毛公鼎的第一篇文章。陳介祺評價此書云："審釋精詳，徵引典墳，尤欽好學深思，精博爲今所未有。"但難免也有些牽強附會的毛病。

《敬吾心室彝器款識》二冊

道光年間，平湖人，朱爲弼之子朱善旂著《敬吾心室彝器款識》二冊。最早版本是光緒三十四年（1908）朱之榛石印本。

朱善旂（1800—1855），本是朱爲弼之從子，字大章，號建卿，浙江平湖人，學者，道光十一年（1831）舉人，官國子監助教。幼承庭訓，學有淵源，與許瀚交善。朱氏篤好金石，於京師間廣泛搜羅彝器拓本，後朱之榛爲之印行而成此書。

前有阮元隸書和湯金釗楷書書名，戴熙和查人瑛畫敬吾心室識篆圖，李宗昉、張廷濟、葉志詵三人作的序。拓本由王憲成、張廷濟、孫汝梅、陸烱、徐同柏、李宗昉、張開福、陳慶鏞、葉名琛、何紹基、葉志詵、阮元、奕誌、朱爲弼、何澍等人題識。

此書所收銘文計盤十，鍾五，洗十六，鼎六十，尊二十二，敦四十四，簋七，簠七，甗五，盉三，匜二，壺七，彝四十一，觶二十，鬲十三，爵二十六，角二，觚十五，斝三，卣二十九，漢鼎七，雜漢器九，瞿一，共三百六十四器。原冊分十九類，改編次序略有異同。目錄之後有朱之榛的附識，其中對改編次序加以說明。① 改編後的數量統計仍有些偏差，南亞角一器有蓋、器、銎三紙而以爲三器，卣類二十六器因器蓋分列而算作二十九器，實際總數不足三百六十四。② 器名也有誤題，辨僞也不太注意。

---

① 朱之榛云："凡三百六十四器，原冊分類十九，茲編次小有異同，簋、簠舊合今析；角、觚、斝三種原附觶、爵二類今亦別出；漢鼎後原分鍾、鬲，今以鑪、銅等器非鍾、鬲所能概，改題漢雜器；而瞿爲兵類，別附於後。原冊序後系以宋戴公戈歌，款識蓋闕，今亦不爲移易，仍其舊也。"見光緒三十四年（1908）朱之榛石印本目錄後。

② 容庚：《清代吉金書籍述評》（下），《學術研究》1962年第3期。

《攈古錄金文》三卷九冊

道咸之際，海豐人吳式芬著《攈古錄金文》三卷九冊。現存較早的版本有光緒二十一年（1895）家刻本和民國二年西泠印社翻刻本。

吳式芬（1796—1856），字子苾，號誦孫，海豐縣人，金石學家，清道光進士，官至內閣學士，長于音韻，精于考訂。著有《金石彙目分編》《陶嘉書屋鐘鼎彝器款識》等。吳式芬是封泥的最早發現者和研究者。

此書以銘文字數的多少爲先後次序，這是宋代以來金文著錄體例的一次變化，算是嘗試，很便於檢索。但由於整個清代對圖形文字認識的欠缺，計算字數往往有些許偏差，如亞鼎、足跡觶均是一字而計作四字。收三代器一千三百三十四。有釋文，間有考證。採錄他人之說，以許瀚和徐同柏兩人最多。翁同書、朱善旂、陳介祺、翁大年等人也間有採錄。吳氏態度比較謹慎，如鹿鐘，阮元《積古》錯把花紋當成文字，吳氏恐有疏失故擱置不談。① 《筠清館》引吳氏之說有十餘條，而此書卻均未收入，大概是因爲吳氏覺得早年之說不當的原故。

以上介紹的是這個時期的主要著作，顯然，銅器銘文的搜集整理明顯超過宋人。首先，在數量上，宋代的金文著作著錄青銅器數量為六百四十三件，除去疑偽之器十九件，秦漢以後器六十件，實有五百六十四件。② 而清代道咸時期的著錄總量超過兩千件。雖然宋代有些書籍已經亡佚，難以統計出確切數字，但其總數絕不會超過清代這一時期，而且，這僅僅是三十年左右的成果。

除了數量上超越宋代之外，還有兩方面比較有明顯的進步：③ 一是著錄方法上的改進和提高，開始注重器形和花紋，對器物尺寸、重

---

① 光緒二十一年（1895）家刻本，卷一之一。
② 王國維輯錄、容庚重編：《宋代金文著錄表》，《北平北海圖書館月刊》1928 年第 1 卷第 5 號。
③ 姚孝遂主編：《中國文字學史》，吉林教育出版社 1995 年版，第 320—321 頁。

量以及來源和流傳情形一般都作一介紹。同時，隨著印刷技術的提高，銘文資料的可信度也較前代有很大的提高。另一是釋文及考證逐漸精審，尤其重要的是學者們認識到結合古籍和歷史印證的重要性。考釋字形已經不是停留在與小篆的簡單比較、偏旁的分析，而是盡量完整地分析一個字的演變過程。吳大澂云：

> 自宋以來，鐘鼎彝器之文始見于著錄。然呂、薛之書，傳寫覆刻，多失本真。我朝乾隆以後，士大夫詁經之學兼及鐘鼎彝器款識，考文辨俗，引義博聞。阮、吳所錄，許、徐所釋，多本經說，有裨來學。①

總體而言，這一時期的金文學精於鑑別，考證也相對嚴謹，考釋文字的水準大為提高，而且經過三十多年的努力，收集了非常豐富資料，為晚清金文學走向輝煌創造了條件。

三　同光——清代金文研究之高峰

關於清代金文研究的大致情形，容庚評云：

> 當時對真偽的鑒別太忽略了，以致偽器充斥。至清末陳介祺、潘祖蔭等人而後鑒別始精。然如端方尚未能吸收他們的經驗。考釋方面：如阮元、陳慶鏞等人對于經學、小學均有弘博的成就，引經據典，應當突過了宋代。但文字尚未能認識清楚便遽加考證，支離破碎，對的只得十分之二三，而錯的佔了十分之七八。至孫詒讓作《古籀拾遺》、吳大澂作《字說》，矜慎不苟，考證更往前推進了一步。②

---

① 吳大澂：《說文古籀補·自敘》，中華書局 1988 年版。
② 容庚：《清代吉金書籍述評》（上），《學術研究》1962 年第 2 期。

由此可見，晚清之前的金文研究雖發展迅速，但無突破性進展，此種情形直到晚清以後才有改善。晚清的金文學研究是整個清代的高峰，其成就在歷史上也是空前的。這個時期的主要著作列舉於下。

《兩罍軒彝器圖釋》十二卷

同治元年（1862），歙縣人吳雲著《兩罍軒彝器圖釋》十二卷。吳雲（1811—1883），字少甫，號平齋。安徽歙縣人，一作歸安（今浙江湖州）人。舉人，官蘇州知府，道光諸生。嗜金石，著有《二百蘭亭齋金石記》《兩罍軒彝器圖釋》《虢季子白盤銘考》等。

此前的咸豐六年（1856），吳氏著《二百蘭亭齋收藏金石記》四卷，收彝器三十九器，石刻五件。同治元年罷官以後即閉門著書。將《二百蘭亭齋收藏金石記》中石刻刪去，保留其中所有銅器增訂而成《兩罍軒彝器圖釋》十二卷，所以我們今天看到的《二百蘭亭齋收藏金石記》中收錄的青銅器與《兩罍》所錄有一些是重複的。初版為同治十一年（1872）自刻本。俞樾篆書書名，馮桂芬、俞樾序以及自序，還附有目錄和尺式。著錄情況：卷一商鼎二，彝二，卣三，爵二；卷二觚四，觶五，壺一；卷三周鐘二，鼎二，尊三，彝一；卷四、卷五罍各一；卷六卣二，敦十；卷七壺三，簠二，簋二，盉一，鬲一，匜一；卷八盞、盤、戣、瞿、劍、戈、矛、農器各一；卷九秦度量一，漢鼎一，洗二，鐙一，銅鼓二，錞一，刁斗一；卷十虎符一，弩機二，泉范十，斗檢封一；卷十一鉤二十；卷十二魏熨斗一，晉虎符一，唐魚符三，龜符一，孟蜀范一，吳越金涂塔一；共一百一十器。每器之後以工部營造尺量其大小，以庫平稱其重量。每器皆摹寫銘文，銘文之後有考釋並記載各器流傳的經過，甚詳細。每器由汪泰基、張璵兩人繪圖和摹銘，繪畫皆用實筆。圖2-13、14為伯頵父鼎，分別以雙鉤和實筆繪製，相比之下，顯然實筆為優。

圖 2-13 《懷米》（乙，12）以雙鉤繪製

圖 2-14 《兩罍》（卷 3，6）以實筆繪製

從《金石記》重摹的仍用雙鉤而非實筆。至於辨偽工作，其自序云：

> 雖不敢自誇其富，抑亦一生心血所積也。爰出篋中所藏，上自商周，下訖五季。無款識者不錄，涉疑者必汰，釐爲十二卷。①

雖爲自己制定了"涉疑者必汰"的原則，但沒有堅持始終。陳介祺曾建議其將少字的和小品，以及陝中僞刻岑妃殷、曩禹刪去，但最後仍保留庚鼎、商盤二器，可見吳氏對陳介祺的意見未能完全接受。

《攀古樓彝器款識》二卷

同治十一年（1872），吳縣人潘祖蔭著《攀古樓彝器款識》二卷，較早的版本有同治十一年（1872）自刻本以及民國二年（1913）西泠印社翻刻本。

潘祖蔭（1830—1890），字伯寅，號鄭盦，龜盦，室名滂喜齋、攀古樓、功順堂、漢學居，江蘇吳縣（今江蘇蘇州）人。《清史稿》有傳，稱他"嗜學，通經史，好收藏，儲金石甚富"。

此書前有目錄，潘氏自序。於自序中論古器自周、秦至今經過七次厄運，難遇而易毀，所以癖嗜、愛護不爲過。又論收藏家有淺陋、懵懂、欺妄三種毛病，自己不敢蹈襲。趙之謙篆書書名，吳大澂繪圖、摹款，王懿榮楷書。同治十一年（1872）春間，潘氏給吳大澂信云：

> 兄（潘氏自稱）所藏款識，其有香濤（張之洞）考釋者，正定可傳。擬先將此數種付刻，仁弟爲書之，爲妙爲妙。畫完鼎，明日即畫盤，或先寫郘鐘及頌鼎、倪盤考釋如何？②

---

① 吳雲：《兩罍軒彝器圖釋·自序》，同治十一年（1872）自刻本。
② 顧廷龍：《吳愙齋先生年譜》，文海出版社1965年版，第37頁。

另外，同年十一月十七日，吳大澂給沈樹鏞信云：

  寅師（指潘氏）宋板之興，遂移好於彝器，所得三十餘種，精品居多；弟為之繪圖、摹款、陸續付梓。將來可與《長安獲古編》並傳于世，老兄見之，必當許可。廉生（王懿榮）鑒別吉金，為吾輩第一法眼。阮（元）、吳（榮光）諸錄，惜當時濫收拓本，真贗雜出，刪不勝刪。平安館（葉志詵）賞鑒，近時最不可恃。以弟所見，似東武劉氏（喜海）藏器，贗品最少。①

由此兩封信，可知當時編纂此書的大概。此書雕刻很精，無一件偽器，其辨偽能力堪稱一流。潘氏在自序中云：

  而後已相與商榷者，萊陽周孟伯、南皮張孝達、福山王正孺、吳縣吳清卿，圖狀釋文，先成此集，後有所得，隨時坿焉。計今日所有止數十器，誠不可謂多，然無智取，無豪奪，又皆慎擇詳審，必不使一作偽者廁其中，以是為無悖於考古證經之意而已。②

由此可以看出潘祖蔭堅決摒棄偽器的決心。其實，歷代藏家沒有故意將偽刻廁入其中的，之所以偽刻頻出，或缺乏辨偽意識，或囿於辨偽水平。而晚清的潘祖蔭、陳介祺二者都具備了，這也是晚清金文學研究水平達到新高度的標誌之一。

第一冊收鐘四，鼎六，彝三，卣九，敦二，簠、盉、鬲、盤、甗、斧各一；第二冊所收鎛一，鼎一，卣三，壺三，爵六，敦四，彝、甗各一，共五十器。不署器名，不分商、周，不作釋文，不記大小尺寸。五十器中有考證的只有二十四器。收藏者計張之洞二十一

———————
① 顧廷龍：《吳愙齋先生年譜》，文海出版社 1965 年版，第 37 頁。
② 潘祖蔭：《攀古樓彝器款識·自序》，同治十一年（1872）自刻本。

器，周悅讓十三器，潘祖蔭十器，王懿榮四器，吳大澂一器、胡義贊一器。對幾位編者的考證，容庚評價云：

> 以周氏爲空疏，張氏博而寡要，吳氏、胡氏均言少而切實，潘氏說"古器文字不可強識"，故比較矜慎。各人所說有同有異，存之以俟後人論定，是此書的特點。①

其後潘氏陸續收得五百多器，是此書所收銅器的幾十倍，但當時吳氏身在外地，無法繪圖，再加上受繪圖、刻板的人力和時間限制，所以像盂鼎、克鼎、王孫鐘、沇兒鐘等重器不能續編成書，是不小的遺憾。

《恆軒所見所藏吉金錄》二冊

光緒十一年（1885），吳縣人吳大澂著《恆軒所見所藏吉金錄》二冊，較早的版本是光緒十一年（1885）自刻本，後有西泠印社翻刻本。

吳大澂（1835—1902），字清卿、止敬，號恆軒、頌軒，又號愙齋，江蘇吳縣人。同治七年（1868）進士。光緒二十年（1894）甲午戰爭日本内犯，率湘軍北上，次年督師出山海關，兵敗。光緒二十四年（1898）被革職永不敘用，自是回鄉不復出。

同治十一、十二年間（1872—1873），吳大澂爲潘祖蔭《攀古樓彝器款識》繪圖，自留四十三器待日後付印，其中的盂鼎、蘇衛妃鼎、興鼎、白矩敦、具十朋子父乙觶五器爲《攀古》書中所未錄。《恆軒所見所藏吉金錄》中，除了魚父癸壺花紋稍異，召中鬲口内未見銘文之外，其餘各圖均與《攀古》相同。他在陝西所得的虢仲敦、史頌敦、中白父敦、叔男父匜、䪤作妣爵、微子鼎等器皆收錄書中。光緒二年十月任滿回籍省親，又收入蔣香生（鳳藻）藏器。吳氏自識云：

---

① 容庚：《清代吉金書籍述評》（上），《學術研究》1962 年第 2 期。

余弱冠喜習繪事，不能工。洎官翰林，好古吉金文字，有所見，輒手摹之，或圖其形，存于篋。積久得百數十器，遂付剞劂氏。擬分二集，以所見所藏標其目，略仿《長安獲古編》例，而不為一家言。其不注某氏器者，皆潘伯寅師所藏。此同治壬申、癸酉間所刻也。十餘年來，風塵鞅掌，此事遂廢。時有所獲，不復能圖，欲考而釋之，亦不果。福山王廉生編修懿榮屢索印本，因未成書，久無以應。版存于家，慮為蟲蝕，姑編次之，以貽同好。①

　　由此可知，此書刻於同治十一、十二年（1872—1873）間，之後陸續增補，直至光緒十一年（1885）方編成書。書首篆書書名，自識，無目錄。略仿《長安獲古編》體例，各器不分時代，不記大小尺寸，有釋文的只有盂鼎，皆無考證。計收鐘二，鼎十七，敦十六，彝七，尊五，壺四，卣十四，爵十三，觶三，觚一，盤三，匜一，簠一，盉二，鬲四，甗二，句兵一，戈一，秦量一，詔版二，漢鼎四，鍾一，鈁二，壺四，甗一，鐙一，洗四，虎符二，弩機一，斗檢封四，鉤六，千金氏字器二，鐸二，鈴二，共一百三十六器。並续收一百三十六器，包括：所藏的六十八器；所見的潘祖蔭四十三器，三原劉氏三器，楊信卿八器，李慎五器，王懿榮二器，宋金鑒、方鼎籙、袁保恆、蔣鳳藻各一器；所集陳介祺秦量詔版三器。此書中對於自藏和潘氏、陳氏等兩家皆不注明來源，除自藏和潘氏、陳氏等兩家外，來源情況如下：②

　　三原劉氏，亞形父庚祖辛鼎、立旗形敦、匕鬯父癸卣。
　　蒲城楊信卿，舉父丙鼎、犧形敦、析子孫父丁彝、別爵。
　　岐山宋金鑒，蘇公敦。
　　李慎，伯嗣敦、爻父乙彝、祭姬鬲。
　　方鼎籙，父乙尊。

---

① 吳大澂：《恆軒所見所藏吉金錄·自識》，據光緒十一年（1885）自刻本。
② 容庚：《商周彝器通考》，文史哲出版社 1985 年版，第 251 頁。

項城袁保恆，齊婦鬲、師遽方彝。

關於此書體例與編寫原則，可從吳氏給王懿榮信中略見一斑：

> 吾輩所見吉金，將來匯成一書，必得詳審精選，不為識者所笑。不見原器不刻，圖工而說少，亦藏拙之道也。……繪圖究屬費力，無事時日繪一器，此兄（吳氏自稱）精神所結，他日當與石查（胡義贊）拓本並傳，一笑。①

此書摹刻銘文皆依原器行款，繪圖比較精緻，頗費功夫。以邵黛鐘鼓右拓本（圖2-16）與《恆軒》摹本（圖2-15）相比較，看得出摹刻能準確反映銘文原貌。②

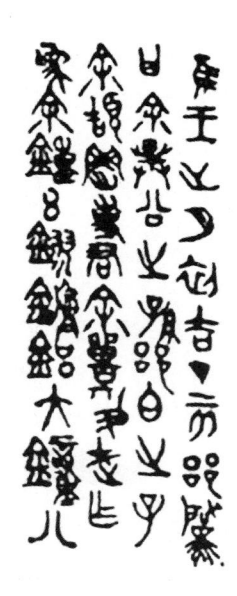

圖2-15 《恆軒》所收摹本（卷一之一）

---

① 轉引自容庚《清代吉金書籍述評》（上），《學術研究》1962年第2期。原文見《吳愙齋尺牘》。

② 爲了便於比較，將拓本作了反色處理。

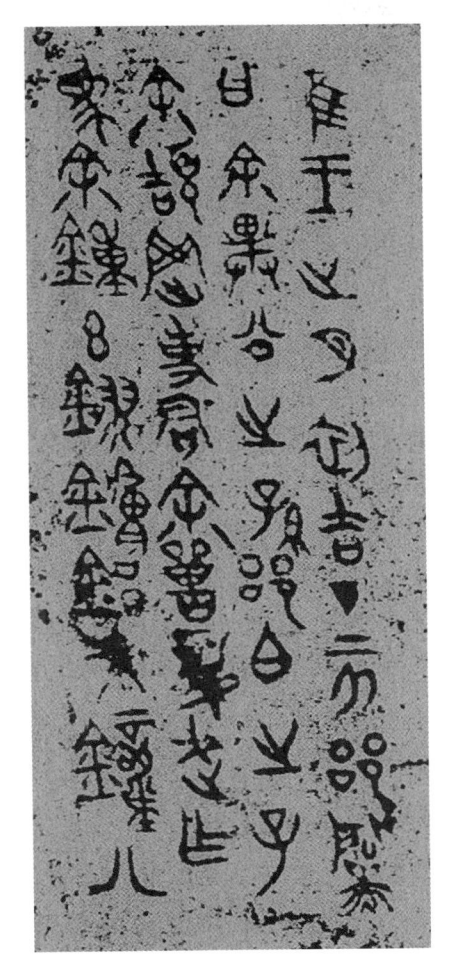

圖 2-16　《集成》所收拓本（編號 2262）

　　存在的問題主要是器名的錯誤和銘文考釋失誤。吳氏集吉金圖款兩年之久所藏自商、周至唐共三百四十器，為印刷技術所限，此書僅刻七十餘種。①

---

①　可參見《愙齋所藏吉金目》附顧廷龍著《吳愙齋先生年譜》後，哈佛燕京學社 1935 年版。

《陶齋吉金錄》八卷、《續錄》二卷

光緒三十四年（1908），豐潤人端方編錄《陶齋吉金錄》八卷、《續錄》二卷。最早版本是光緒三十四年（1908）石印本，《續錄》最早版本是宣統元年（1909）石印本，後有正書局石印本。

端方（1861—1911）清末金石學家。字午橋，號陶齋，諡忠敏。光緒八年舉人，後入川鎮壓保路運動，爲起義新軍所殺。有《陶齋吉金錄》《端忠敏公奏稿》等傳世。

《陶齋吉金錄》始用石印。整理輯錄者爲三河郝萬亮並由他楷書。前有王瓘篆書書名。自序，總目、分卷目錄和漢建初尺式。卷一枓禁十二，商、周鐘三，鼎十九，尊四，彝七；卷二敦十六，卣十七，簠五，簋二，鬲八，甗二；卷三壺六，罍一，爵十八，觚二，觶四，斝一，盉一，匜三，盤三，戈四，戟一，劍二，矛頭一，斧一，勺六；卷四秦詔版三，權十九，北周權一，唐權三，秦量五，新莽量一；卷五秦罍、盉、卮各一，秦、漢鼎二十二，劍八，戈六；卷六漢鐘六，鈁七，鋗二，壺三，鋂二，洗十三，鐙十二，鐎斗四，符四；卷七銅鼓一，鈷鏺一，鉤四，勺、柄、刀、矢鏃、彈丸各一，尚方器二，朱提一，漢、魏弩機十四，漢、新莽、吳鏡四，漢鈴四，漢、晉鐸九，漢、宋盤三，魏至明香鑪、釜、銀鋌、犁、鍑、犁范、甎、鋺各一；卷八附宋、北魏至唐造象三十，共三百五十九器。《續錄》卷一商、周鐘五，鼎十二，尊三，彝三，敦四，卣三，簠二，簋二，鬲三；卷二甗四，壺二，罍一，爵四，角一，觚一，觶二，匜、盤、節、矛、戈各一，周、秦劍四，秦環一，秦、漢權二，漢量一，鼎二，鐘、鋗、盉、洗、鐎斗各一，鉤二，鐸、奩、不知名、北齊造象、宋壺、宋豆各一，共八十器。《補遺》中錄商、周鐘、鼎、尊、簠、甗、觚、觶、鍑各一，共八器。三錄共四百四十七器。"著一家藏器之富，除清内府外，此書當首屈一指了。"①

---

① 容庚：《清代吉金書籍述評》（上），《學術研究》1962 年第 2 期。

器皆不分商、周，只記大小尺寸，記出土地的只有枳禁全圖和隋範波若母造象兩器。因為是石印，所以銘文直接用拓本，無釋文和考釋。羅振玉《三代吉金文存》、容庚所輯《秦漢金文錄》，很多是從此書轉載的。《續錄》自序云："釋文四卷，別自為書"，大概是沒來得及出版端氏即為新軍所殺，或者失傳。今天能見到的有《陶齋鐘鼎款識》稿本一冊，考釋自商祖甲鼎至金承安鏡共三十七器。端氏在此書自序中談到編寫原則是"釋誼必信，象形必精，絜量圍徑尺寸必詳"，此書在圖像和尺寸方面的確沒什麼缺陷，但在鑒別真偽、器名、時代和釋文方面有很多紕漏。羅振玉曾列舉此書的五方面疏失：

（一）鑒別之疏，全書偽器有四十六器，約當十分之一。

（二）器名之誤，匕而稱為勺，熨斗而以為鐎斗，杯而以為卮。

（三）時代之誤，元犁而誤認為唐犁。

（四）釋文之誤，"觴"字釋作"韓"，"稻"字釋作"滔"，"脒"字釋作"殊"。

（五）編訂之疏，犧形爵、目形父癸爵文字均倒置。①

除羅氏所舉之外，容庚認為在鑒別方面還有不少失誤，如楚公家鐘、師麻簠、單子壺、霽彝、伯鬲、癸丁罍、漢建武銅鼓銘文都是偽作。②

《柗林館吉金圖識》一卷

宣統二年（1910）日照人丁麟年著《柗林館吉金圖識》一卷，最早版本是宣統二年（1910）石印本，其後有1941年東雅堂翻印本。

丁麟年（1870—1930），字荺臣，號幼石，又號柗林，日照人。收藏家、書法家。一生著述頗豐，主要有《柗林館吉金圖錄》《柗林館鐘鼎款識淺釋》等傳世。

此書以全形拓本縮小石印，1925年涵芬樓石印張廷濟的《清儀

---

① 羅振玉：《〈陶齋吉金錄〉及〈續錄〉跋》，《雲窗漫稿》，羅氏凝清室1922年本，第29頁。

② 容庚：《清代吉金書籍述評》（上），《學術研究》1962年第2期。

閣所藏古器物文》也錄部份全形拓本，但張氏拓本精細程度遠不及丁氏。此書由孫海波在柯昌泗處得到印本並進行整理，加入篆書書名、目錄及題跋翻印行世。著錄商、周鐘一，鼎六，甗一，鬲一，彝二，匜一，尊四，卣、觚、觶、盉、斝各一，爵六，戈一，漢壺二，共三十器。在標題器名之下，記載圖和原器的大小之比，款識所在，收藏情況和著錄情況。銘文也用拓本附於左側，除克鼎外，下面均附有釋文。有些考證引阮元、吳式芬、李佐賢、陳介祺、丁惟諟、吳大澂、許瀚之說。此書考釋沒什麼可取的，辨偽水平也不高。天錫簠、嘉禮尊、父癸斝等器均是偽作。① 後來陳邦福作《日照丁氏藏器目》，收錄丁氏藏器六十件。有伯旂鼎等八器未收錄。②

《商周彝器釋銘》六卷

光緒二十年（1894），成都人呂調陽著《商周彝器釋銘》六卷，初版為光緒二十年（1894）觀象廬叢書刻本。

呂調陽（1832—1892）字竹廬，號晴笠，四川彭縣人。同治三年（1864）舉人。

此書計著錄商、周鐘二十一，鼎一百零三，敦七十六，簠十四，簋十五，齋彝六，甗二，附錄一器，豆三，盞一，甗七，鬲二十二，甑一，鬶一，享盤三，盤十三，匜十，盉六，卣三十三，（中間缺兩頁）彝七十八，尊二十九，壺十八，罍二，鑵一，鉼一，豐一（以下缺），所見四百六十八器。銘文均採自《積古齋鐘鼎彝器款識》和

---

① 孫詒讓認定天錫簠、嘉禮尊是北宋時期的偽作。參見孫詒讓《宋政和禮器文字考》。

② 一九一八年十月，丁麟年給陳邦福的信云："所收三代金文約三千種，流傳彝器，大致已具。另有全形拓本七百餘品，名曰《杺林館吉金圖錄》，曾經曲園（俞樾）愙齋（吳大澂）伯兮（盛昱）廉生（王懿榮）鑒定，並爲題識。原擬先印成書，以廣共傳。不意景印津門，甫得三十葉，承印者忽遭回祿，幸底稿完全無缺。旋弟以簡放同州，遂將累世所積金石拓本、彝器、字畫廿餘篋，帶赴西安，寄存大清銀行。私計公餘之暇，必能複加考釋……詎知不及一年，武昌義起，銀行存篋，一掃而空，攜至同州者寥寥無幾，匪特自藏七十餘器散失大半，並拓本亦無之，言之痛耳。今承垂詢，敬述梗概。"丁氏編錄此書經歷的波折，據此可見一斑。轉引自容庚《清代吉金書籍述評》（上），《學術研究》1962年第2期。

《筠清館金文》而重加考釋。兩書之外，只有《金石索》中的徐王子鐘和吳大澂所藏微子鼎兩器。此書是未完之書。

其名和器類的劃分標準不一，主要是因為共名與專名不分，這是宋代和清代都犯的毛病。比如於彝之外還有鸞彝，有鼐；盤之外還有鬲和享盤。考釋方面，呂氏於阮氏、吳氏的考釋也作些校正。如乙亥鼎：阮氏以爲是草篆不可盡釋，呂氏知是晉姜鼎並有錯字，但也沒能指出是偽作。

《愙齋集古錄》二十六册

光緒二十二年（1896），吳大澂著《愙齋集古錄》二十六册。初版是民國七年（1918）商務印書館石印本，《愙齋集古錄釋文賸稿》最早是民國八年石印本。

光緒二十二年（1896）八月，吳大澂擬將平生所藏，仿歐陽修《集古錄》體例，編輯商、周金文十一卷，秦漢各一卷，漢以後一卷，共十四卷，詳加考釋，著成《集古錄》。作了一篇自序，寫了一些標題和釋文。吳氏在自序中云：

> 余所集拓本千數百種，又益以川沙沈韻初內翰所貽舊拓數十種。編輯商周吉金文十一卷，秦漢各一卷，又漢以後吉金拓本一卷，共成十四卷。①

後因病未能成書。直至民國五年，才由其侄吳本善約請吳大澂門生王同愈等整理遺稿、補寫釋文，重新編錄之後印行。羅振玉在序文中云：

> 子（吳大澂）銳意收集古器墨本，汰偽存真，得二千餘通，欲編輯為集古遺文，荏苒垂二十年，尚未克就，嘗以為憾事。②

---

① 此依據民國七年（1918）商務印書館石印本。
② 此依據民國七年（1918）商務印書館石印本。

再版將《愙齋集古錄釋文賸稿》附於《愙齋集古錄》之後，《賸稿》考釋金文手稿一冊，計錄鐘十九、鼎八十五、敦三十一、壺二，共一百三十七器。並增入王同愈跋。此書前有吳昌碩題篆書書名，羅振玉、葉昌熾序和自序，有總目，每冊還有目錄。總目列舉所收商、周一千零四十八器，秦十九器，漢七十六器，晉一器，共一千一百四十四器。有蓋的器分列爲二，亦有重出的和漏目的。據容庚統計，重出有兩器，目錄漏列六器，實得商周九百二十七器，秦十九器，漢七十九器，晉一器，共一千零二十六器。印刷精美，不遜於拓本。此書的成就，可以簡單評價爲"甄別精嚴，考釋確當，而印刷復佳"①。《續修四庫全書提要》評價曰：

> 同、光以後，海內以收藏殷周彝器著者，若濰縣陳介祺、海豐吳式芬、吳縣潘祖蔭、浭陽端方，皆有專書行世，而吳大澂之《愙齋集古錄》，尤爲鉅觀。②

鮑鼎著《愙齋集古錄校勘記》二卷，對此書的錯誤加以糾正。跋云：

> 獨惜是書出於吳氏身後，尚未成晚定之本，以《說文古籀補》校之，失收者二百餘器。如福無疆鐘等載於《愙齋藏器目》，且未列入。是書目爲愙齋自編，豈有篋衍所藏，反從芟落之理？以是觀之，其闕漏不可謂不多。且於諸家拓本隨得隨錄，隨錄隨釋，曾未參稽前後，以此證彼，時覺紛挐。又其標題頗患錯雜，不特名齊侯壺以罍等等，沿藏家舊目，未加改正。木工鼎、母甲觶之類，一人所作不殊二人，而商器中又略其獨別之

---

① 容庚：《商周彝器通考》，文史哲出版社1985年版，第276頁。
② 王雲五修訂：《續修四庫全書提要》，臺灣商務印書館1972年版，第3296頁。

字，但以父祖甲乙命之，異文之器，又不免同名矣。此皆有待於後人之考訂者也。

《綴遺齋彝器款識考釋》三十卷

光緒年間，定遠人方濬益著《綴遺齋彝器款識考釋》三十卷，此書作者生前沒有完成，1928 年 4 月，其從孫方燕年從王秉恩處取回原稿，經過整理，於民國二十四年（1935）印行，這就是最早的商務印書館石印本。

方濬益（？—1899），字子聽、子聰、子箴、謙受，號伯裕，室名綴遺齋，安徽定遠人。績學工古文辭。曾在江蘇、南匯、奉賢等地做官，後來做了兩湖總督張之洞的幕府，學問方面很得張之洞賞識。

此書略仿《積古齋鐘鼎彝器款識》而作，方濬益在此書的"原編目錄前記"中云：

> 濬益幼好古石刻，近尤篤嗜吉金文字，既求得商周兩漢彝器百數十種，又搜輯嘉、道以來及近世海內藏器家拓本千餘通，因纂錄以續阮文達公《積古齋款識》之後。①

從同治八年（1869）蘇州寓所搜集拓本，直至光緒二十五年（1899）方氏逝世，三十一年猶未完成。卷首有彝器說三篇：上篇考器，說不見犧尊、瑚璉、簠簋方圓、鐘鎛大小、方壺圓壺、兕爵、爵旁雙柱、鍾鈁、饕餮夔龍金錯、彝敦方臺、彝器觚棱、劍夾之制，不知古人解說的錯誤和確當，凡此皆非考器莫能明。中篇考文，說欲考有周一代之文字，必自審其書勢始。周初、周中葉、春秋至戰國文字可考，故纂集彝器款識，專以書勢辨時代爲可據。下篇考藏，列舉漢至唐古器好尚之可考者，以補阮氏之闕。

---

① 此依據民國二十四年（1935）商務印書館石印本。

前有方燕年識語和方濬益目錄以及前、後記。中間遺失第十五卷。後有方燕庚校記。所收鐘五十六、鼎一百四十、敦四十二、盤二十五、簠三十一、簋二十二、甗二十九、卣一百五十三、壺三十六、匜三十一、盉二十六、扁一、觚五十七、尊八十九、爵二百四十三、觶九十七、豐二、斝十四、觴三、籩一、豆八、登二十八、罍一、缶四、盆一、甌四、瓮二、彝十八、需一、鉼二、卮一、角二十、鬲四十三、盂六、盦四、盈一、鑐一、鍾一、鈁一、區二、釜五、鍱一、鐸五、鎛一、鐲三、塤十一、戚二、斧三、劍十一、鐂五、瞿五、矛七隻、矢鏃三隻、干首四、虎節一件、鉤四、鈑九、戈五十四，共有商、周一千三百八十一器。需要注意的是，有數器為別家所未著錄而僅見於此書者，比如十卷十六頁立刀丁人卣；十三卷二十一頁邾眉父壺；十四卷十頁變女匜，又二十二頁龍盉；十七卷三頁元武尊，又二十六頁父丁馬形尊；二十六卷二十八頁陝角等。這幾器顯得猶有價值。容庚曾對方氏有一概括性評價：

  方氏摹寫考釋均矜慎不苟，雖不免間收偽器，然學問視吳式芬、劉心源輩為優。①

此書考釋翔實，並校正《積古》《筠清》等書的考釋錯誤，是清代金文著作中較為出色的一部。

《古文審》八卷

光緒十七年（1891），嘉魚人劉心源著《古文審》八卷，初版為光緒十七年（1891）自寫刻本。

劉心源（1848—1915），字幼丹，號奇觚室，湖北嘉魚人。光緒二年（1876）進士，官翰林院編修，累官至廣西按察使。民國以後曾任湖北省臨時議會議長、湖南省巡按使。有關劉氏的生平記錄不多。

---

① 容庚：《商周彝器通考》，文史哲出版社1985年版，第276頁。

此書前有篆書書名及刊刻年月，自敘，發明四則，例言六則。所收卷一及卷二商、周鼎二十三，卷三尊十三，卷四罍、卣、爵十，卷五彝十二，卷六及卷七敦十三，卷八簠、簋、豆、鬲、甗、盤、鎛十一，共八十二器。銘文改變原行款，大多取材於薛氏《款識》《西清》《積古》《筠清》四書。關於編纂此書的用意，劉氏在自敘中指出：

> 篆形、文義，兩者兼定，去無據之言，絕附會之病。必使文從字順，不背作者，於所不知，蓋闕如也。①

儘管劉氏編寫此書的原則是"去無據之言，絕附會之病"②，但實際上牽強附會的解釋仍然很多，文字誤識便加以考證，附會就難免了。胡樸安評價此書曰："《古文審》所釋雖未必確，而方法頗可取。"③ 其可取的方法或許是指"發明四則"中劉氏闡述的金文學理論。日後劉心源撰有《奇觚室吉金文述》，重出計二十三器，對此書錯誤有所訂正。

《奇觚室吉金文述》二十卷

劉氏於光緒二十八年（1902）著《奇觚室吉金文述》二十卷，最早版本是光緒二十八年（1902）石印本，其後有民國十五年翻印本。

此書著成晚於《古文審》十一年。前有吳光耀、陶鈞兩篇序、目錄。圖版皆以拓本影印，採用的拓本為陳介祺、潘祖蔭、丁彥臣、陸心源、盛昱、吳式芬等人所藏器。收錄情況如下：卷一至卷九商、周銘文三百八十七，卷十兵器七十一，卷十一秦十器，漢四十八器，卷十二至卷十四布、刀、泉、泉范六百二十六品，卷十五漢、唐鏡四十

---

① 此依據光緒十七年（1891）自寫刻本。
② 劉心源：《古文審》，光緒十七年（1891）自寫刻本，卷一，第15頁。
③ 胡樸安：《中國文字學史》，臺灣商務印書館1998年版，第611頁。

二面，卷十六至卷十八補商、周一百八十八，兵器六，卷十九及卷二十補布、刀、泉八百零五品，共二千一百八十三器。關於此書，褚德彝評價云：

  （劉心源）著《古文審》四卷，根柢經訓，發揮六書之旨。又集所得彝器款識拓本付之石印，共一千餘種，名曰《奇觚室金文》，足補《攈古錄》所未備，正阮、吳二書木刻之沿訛。①

  劉氏於鑒別真僞方面有不少疏失。楊星吾的贈本均屬翻刻。補商、周一百九十四器中，只有仲殷父敦、魚尊、宜彝、虢叔簠、邻王端三器、祖癸卣鼎等八器是真的。康侯鼎既錄真本又錄翻本，大鼎三本則均爲翻刻。

  考釋方面有些獨到見解。最典型的是"ㄨ"、"ʒ"兩字，自宋至清均釋作"乃"，吳大澂云："竊以爲厥考厥祖爲周誥習見字，何以今日所見彝器皆云乃祖乃考，從無厥字？"② 看來吳氏也將"ㄨ"釋爲"乃"，並將誤釋作爲金文中無厥字的證據。至劉氏才分出前者爲"氒"（厥），後者爲"乃"。劉氏云："古刻厥、乃二字，文義皆通，惟篆形不可混。"③ 其實厥訓爲其，乃訓爲汝、之，意義也是有分別的。清人李葆恂曾對此書的辨僞和考釋作出以下評價：

  《奇觚室金文述》審文釋義，頗具苦心，而眼力太差，凡楊星吾所貽拓本，盡是仿刻，某君俱不能辨。最可笑者：如夜雨雷鎛及駈仲簠均有拓本，且斤斤與各家著錄較其同笵與否，且謂夜雨雷鎛各家皆系輾轉傳摹，故不如伊原本之活秀云云。此等議

---

① 褚德彝：《金石學錄續補》下·六，民國八年（1919）餘杭褚氏石畫樓鉛印本。
② 吳大澂：《愙齋集古錄》第一冊，商務印書館民國七年（1918）石印本，第21頁。
③ 劉心源：《奇觚室吉金文述》卷一，光緒二十八年（1902）石印本，第23頁。

論，直同囈語。若跋五牧鋸①云："關王青龍偃月刀一名冷豔鋸，可知鋸亦是兵器之名"云云。不意金石書中乃引及《三國演義》鄙俚無稽之談，具堪發一大噱。②

其實劉氏所說的"鋸亦是兵器之名"並沒有錯，但引用《三國演義》作證明自己見解的材料則顯得不夠嚴謹，難怪為他人詬病。楊樹達曾指出，劉心源對於文字形體頗有發明，但對於音韻訓詁之學講習未深。③ 總之，此書雖有創見，但也有很多穿鑿附會之處。

《簠齋吉金錄》八卷

我們可以將陳介祺藏器鄧實（秋枚）輯錄的《簠齋吉金錄》八卷看作這個時期的研究成果。陳介祺生前沒有金文著錄專書問世，此書系彙集陳介祺藏器及拓本影印，間有陳介祺和鄒安題字及跋語，無考釋。此書最早版本是民國七年（1918）風雨樓石印本，後於民國二十四年（1935）翻印。

陳介祺（1813—1884），字壽卿，亦作受卿，又字酉生，號簠齋，山東濰縣人，道光二十五年（1845）進士。窮畢生之力治古器物、古文字學，成為當時金石學大師。

此書共計收錄鐘十一、鐸一、鼎二十二、尊十、卣十一、壺一、罍一、餅一、罕二、觚六、觶十六、觥一、爵四十五、敦二十六、盤六、匜六、區二、鎞一、鬲三、簠四、簋一、盉三、甌二、雜器六、兵器四十一、秦量三、秦詔版十一、漢鼎十三、甌鋘一、壺一、鍾三、鍪一、鐙十二、薰鑪一、飯幘一、葆調一、車飾一、金刃一、弩機十八、範六十八、造像二十五，所收商周器一百八十八，兵器四十一，秦器十四，漢器三十六，弩機十八，泉范六十八，魏隋造像二十

---

① 李氏所云牧鋸即指王戠戈。見《奇觚室吉金文述》卷十，光緒二十八年（1902）石印本，第21頁。

② 李葆恂：《金文述》，《舊學盦筆記》，廣文書局1970年版，第22頁。

③ 楊樹達：《讀奇觚室吉金文述》，《積微居小學述林》，中華書局1983年版，第279—280頁。

五，共三百九十器。

前有褚德彝記文、章炳麟題辭、目錄和鄧實自識。"簠齋博物精鑒，茲編之中未有贗品。"① 陳介祺之孫陳育丞認為，此書只流傳了吉金文字，與陳介祺的學術無關，而真正有關金石的遺著尚藏稿於家。② 他如此評價應該是此書中沒有考釋銘文的緣故。鄧實編錄此書時，先參考江建霞的《簠齋藏器目》，他在自識中云：

> 《簠齋藏器目》江建霞太史，曾兩次刊入靈鶼閣叢書中。考其第一目，共載二百六十三器；其二目，共載一百七十九器。其前目比後目多八十餘器者，迺前目增入古兵器一類，而後目不列也。今編《吉金錄》，略依江氏所刊兩目，而補其所未備，復增入秦權量刻辭，及漢器弩機、泉範、造像等，共得三百八十九器。較之江目多出百二十六器，簠齋藏器大略已備矣。③

鄧實編此書的目的在於補《簠齋藏器目》所未備，為簠齋藏器作系統的收集和整理。這是個漫長的搜羅過程，鄧實在自識中又云：

> 先是寒家極力搜羅簠齋吉金墨本，十餘年來集合不尠，久思影印行世，而校錄江目所缺尚多，不無遺憾。友人褚君禮堂、鄒君適廬，亦酷愛簠齋遺拓，搜集尤勤。今年夏間，假得兩家藏本，合以寒家所有突過江目，迺另編目決付影印。④

可見，此書即鄧氏家藏的墨本，再加上褚德彝和鄒壽祺兩家之藏影印而成。誠如陳育丞所言，此書和陳介祺的學術研究關係不大，不

---

① 王雲五修訂：《續修四庫全書提要》，臺灣商務印書館1972年版，第3308頁。
② 陳育丞：《簠齋軼事》，《文物》1964年第4期。
③ 此依據民國七年（1918）風雨樓石印本。
④ 此依據民國七年（1918）風雨樓石印本。

能反映出陳氏的學術水平，但是從另一角度看，此書的價值在於收集了數量可觀的資料，同時反映了陳介祺作為收藏家的出色成果。

這一時期除了圖形和銘文考證之外，對以往金文著錄進行考訂和以收錄金文單字為主的字書也相繼刊行，最主要的有孫詒讓的《古籀拾遺》《古籀餘論》《名原》和吳大澂的《說文古籀補》《字說》。這幾部書標誌著清代的金文研究已經達到了文字學研究的高度，代表了清代金文學研究的最高水平。

《古籀拾遺》三卷

光緒十六年（1890）瑞安人孫詒讓著《古籀拾遺》三卷，最早版本是光緒十四年（1888）至十六年（1890）自刻本，後由掃葉山房影印。

孫詒讓（1848—1908），字仲頌，浙江瑞安人，我國近代著名經學家，被譽為"有清三百年樸學之殿"。《周禮正義》《古籀拾遺》《契文舉例》《名原》等著作尤負盛名。

此書初名《商周金識拾遺》，光緒十四年（1888）改名為《古籀拾遺》，前有孫氏自敘，後有劉恭冕跋。孫氏認為"文莫正於宗彝，故作《古籀拾遺》"①。此書著於1872年。從1888年開始，經過三年的重校定，於1890年在溫州刊行。編著此書的目的，是校訂薛尚功《歷代鐘鼎彝器款識法帖》、阮元《積古齋鐘鼎彝器款識》和吳榮光《筠清館金文》等三部著作。孫氏在自敘中云：

> 薛氏之恉，在于鑒別書法，蓋猶未刊集帖之陋，故其書摩勒頗精，而評釋多謬。……端居諷字，頗涉薛、阮、吳三家之書，展卷思誤，每滋疑懣。間用字書及它刻，互相斠覈，略有所窹，輒依高郵王氏《漢隸拾遺》例，為發疑正讀，成書三卷。②

---

① 章炳麟：《孫詒讓傳》《碑傳集補》，《清代傳記叢刊》第120冊，明文書局1985年版。

② 此依據掃葉山房影印本。

孫氏在上卷校正薛氏書中十四器；在中卷校正阮氏書中三十器；在下卷校正吳氏書中二十二器，共收六十六條。每條都楷書銘文，需要考釋的字即摹寫原形。同一個字，拓摹本不同的則羅列比勘，各家解釋不一的擇善而從，如果各家全錯即重新考定。此書訂正了前人許多錯誤，在形體勘比和字詞的通假上解決了很多難題。劉恭冕在跋文中云：

> 君於學無所不窺，尤多識古文奇字。故其所著，能析其形聲，明其通叚。近世鴻通之儒為此學者，自儀徵阮氏、武進莊氏外，未有堪及君者，可不謂盛與。①

《古籀餘論》二卷

光緒二十九年（1903），孫氏著《古籀餘論》二卷。此書是為了校訂《攈古錄金文》而作，共考一百零五器，不錄銘文，只摹待考字形。其寫作動機孫氏在後敘云：

> 甄錄金文之書，自錢唐薛氏書外，近代唯儀徵阮氏，南海吳氏，最為精富，倉、籀遺跡，粲然可尋，固縣諸日月而不刊者也。余前著《拾遺》，於三家書②略有補正，近又得海豐吳子苾侍郎《攈古錄金文》九卷。搜錄尤閎博，新出諸器大半箸錄，釋文亦殊精審。儀徵、南海信堪鼎足。攬涉之餘，間獲新義，又有足正余舊說之疏繆者，並錄為兩卷，蓋非第偶存札樸，亦自知砭策矣。

---

① 此依據掃葉山房影印本。
② 指薛尚功《歷代鐘鼎彝器款識法帖》、阮元《積古齋鐘鼎彝器款識》以及吳榮光《筠清館金文》。

民國十五年（1926），根據王國維所藏鈔本，由容庚校補錯字並將孫氏的原作體例稍微調整，後附容庚跋文，於1929年刊行。容庚在《古籀餘論·跋》一文中指出：

> 竊謂治古文字之學，譬如積薪，後來居上。嘉、道之間，阮（元）陳（慶鏞）、龔（自珍）、莊（述祖），皮傅經傳，鹵莽滅裂，晦塞已極。吳大澂明于形體，乃奏廓清。然而訓詁叚借，猶不若孫氏之精熟通達，所得獨多。《餘論》專主校訂《攗古錄》金文之失，如❍之釋"函"，❍之釋"滕"，❍之釋"濂"，❍之釋"啟"，籟之釋"膚"，❍之釋"裏"，❍之即"❍"，❍之釋"象"、"弭"，❍之釋"縣"，❍之釋"眚"通"省"，❍之釋"御"，德之釋"適"，皆碻當不易，雖❍王作旅，❍乃國名，字不可識，乃釋為鑣斗之鑣，迴環讀之。❍乃滕薛之"薛"乃釋為"龍"。❍舊釋"盉"不誤，乃以為有缺畫，釋為"盆"。❍乃人名，字不可識，乃釋為"弓十二"三字。乙亥彝以為篆體散漫，文義疏舛，疑是偽作。"士"乃"圭"之泐，乃以為"士"、"土"通用。誠有未為得者。然前人所見有不若後人之富，則其所得有不若後人之深，時代所限，未足為孫氏病也。①

《名原》二卷

孫氏於光緒三十一年（1905）著《名原》二卷，關於此書的編纂動機，孫氏在自序中云：

> 今略摭金文、龜甲文、石鼓文、貴州紅巖古刻，與《說文》古、籀互相勘校，揭其歧異以箸消變之原。而會最比屬，以尋古文、大小篆沿革之大例，約舉辜較，不能備也。世變方亟，茲學

---

① 容庚：《古籀餘論·跋》，燕京大學國學研究所1929年刻本，此文後收入《頌齋述林》。

幾絕。所覯金石瑑刻，日出不窮，倉、沮舊文，儻重見於人閒，後之治古文奇字者，執吾說以求之，其於造作書契之微旨，或得冥符於萬一爾。①

由此可見，孫氏在此書中依據的古文字資料，除了金文以外還有甲骨文與石刻。而採用的金文資料也很注重其可靠性，在有可能的情況下儘量依據原器的拓本，沒有拓本的，則以阮元、吳榮光、吳式芬三家本補充。孫氏認為，薛尚功、王俅等描摹的金文不可靠，不能作為研究依據，只有當前拓本所無之字才略有援證。除非不得已，否則一概不予採用，其態度審慎而科學。本書共釋字一百有餘，其細目如下：原始數名第一、古章原象第二、象形原始第三；古籀撰異第四、轉注楬櫫第五、奇字發微第六、《說文》補闕第七。至於其目錄，《續修四庫全書提要》解釋云：

> 綜考古文，知數名形最簡易，而義實通貫倉頡字例，斯其肇端為原始數名第一；古文字與畫繪同原，為古章原象第二；書契權輿本於圖象，以後定涵變之字，稽合異同為象形原始第三；許書古籀重文傳寫舛互，以金文、龜甲文校覈，為古籀撰異第四；制字之初，凡形名之字未有專字者，依其聲義沾注於旁，為轉注楬櫫第五；古文傳寫錯異間出，推校形義可說者多，為奇字發微第六；就古文形聲合於經詁定例者，以補許書，為《說文》補闕第七。②

孫詒讓的《名原》比較科學地論證了文字的起源問題，利用新出土的甲骨文材料初步探索了文字的發展規律，最重要的是，他開創了利用甲骨文考釋古文字和甲骨文與金文比較研究的新思路。唐蘭云：

---

① 孫詒讓：《名原·自敘》，清光緒玉海樓石印本。
② 王雲五修訂：《續修四庫全書提要》，臺灣商務印書館1972年版，第1779頁。

孫氏所釋的文字，在我們今天的眼光看來，當然有很多不滿意的地方，這是不足為病的。他的最大的功績，就是遺給我們這些精密的方法。有了這種方法，我們才能把難認的字，由神話的解釋裹救出來，還歸到文字學裹。①

朱芳圃云：

先生之書，大抵取甲骨、彝器等文，會最比屬以相參證。意在探文字制作之原，及其流變之故，雖瑕瑜互見，是非錯出，然剖析研究之端，實自此書開之。②

很多近代學者皆認為，孫詒讓的有關金文著作及其考釋銘文，可以代表整個清代古文字學的最高水準。③ 以《名原》為標誌，中國傳統金文學突破了狹小的圈子，開始用古文字材料探求文字的發展規律，從此開始，金文學研究進入了一個全新的階段。

《說文古籀補》十四卷、《附錄》一卷

吳大澂於光緒九年（1883）著《說文古籀補》十四卷、《附錄》一卷，最早版本為光緒九年（1883）自寫刻本，其後有光緒十二年（1886）點石齋石印小本，光緒二十一年（1895）湘中重刊增訂本和光緒二十四年（1898）增輯刻本。

吳氏編寫此書的初衷是用金文和小篆以前的石鼓、古璽、貨幣、古陶等文字補充《說文》之未備，同時校正《說文》的錯誤。這部書的出現，標誌著晚清金文學家徹底擺脫《說文》的束縛，以更加理性的姿態看待《說文》，對古文字學的發展有著重要意義。此書採

---

① 唐蘭：《古文字學導論》，齊魯書社1981年版，第178—180頁。
② 朱芳圃：《清孫仲容先生詒讓年譜》，臺灣商務印書館1980年版，第93頁。
③ 裘錫圭：《孫詒讓》，《文史叢稿》，上海遠東出版社1996年版，第178頁。

取銘文非常認真嚴謹。凡例云：

> 所編之字，皆據墨拓原本，去偽存真，手自摹寫以免舛誤。至《博古》《考古圖》及薛氏、阮氏、吳氏之書，未見拓本者，概不採錄。①

孫詒讓著《名原》，材料選擇也很嚴格。與孫氏相比，吳氏有過之而無不及。可以這樣說，二人在學術上取得這樣的成就，與他們嚴謹的態度是分不開的。至於其編纂所堅持的原則，吳氏云：

> 蓋是編所集，多許氏所未收，有可以正俗書之謬誤者。間有一二與許書重複之字，並存之，以資考證。不分古文、籀文，闕其所不知也。某字必詳某器，不敢嚮壁虛造也。辨釋未當，概不屢入，昭其信也。索解不獲者，存其字，不繹其義，不敢以巧說邪辭使天下學者疑也。石鼓殘字，皆史籀之遺，有與金文相發明者。古幣古鉨，古陶器文，亦皆在小篆以前，為秦燔所不及，因並錄之，有抱殘守闕之義焉。②

前有自敘和潘祖蔭敘，凡例十二則。採用《說文解字》始一終亥的部首編排方式。舊釋有可從而未能盡碻，己意有所見而未爲定論者，別爲附錄。所收一千零九十三文，重二千三百五十五文；補遺六十二文，重三十八文；附錄五百四十二文，重一百四十二文。二十四年（1898）增訂重刊本，增入陳介祺敘。所收一千四百一十文，重二千二百六十五文；附錄五百三十六文，重一百一十九文。增訂重刊本，將補遺一卷改入了正編，新增的又比初版加補了計一千二百五十字。至於此書的編纂體例及吳氏的成就，潘祖蔭也非常推崇，潘氏在

---

① 此依據中華書局1988年影印本。
② 此依據中華書局1988年影印本。

敘文中指出：

> 今清卿之作，依《說文》部居，始一終亥，以類相從，有條不紊，一一皆從拓本之真者，摹其形信而有徵。淯說其文，詳解其字，語許君所未盡語，通經典所不易通。如茂曆之類若干字，雖有各家之考証，另為一編，於其後，嗚呼慎矣！①

容庚評價云：

> 吳氏此書所編的字，皆據拓本，去偽存真，慎重摹寫，為字書空前的著作。雖現在看來，間有誤釋的字，尚待修正。但近人一再續補，尚未能跳出他的範圍。②

值得注意的是，此書收錄了數量相當可觀的戰國文字材料，為戰國文字字形的系統整理奠定了基礎。③

《字說》一卷

吳大澂又於光緒十年（1884）著《字說》一卷，此書最早版本為光緒十年（1884）自刻本，又於光緒十九年（1893）思賢講舍重刊。

此書無序跋，無成書年月。吳氏於《說文古籀補》凡例中有云："偶古文以為某字者，皆合觀諸器銘，考其文義，塙而可據。疑者闕之，別撰《古字說》一卷，以證明之，茲不備引。"④ 人們根據這句話推斷此書是《古籀補》的姊妹篇，與之互為表裡。對於吳氏的考釋，容庚評云：

---

① 吳大澂：《說文古籀補》，潘祖蔭敘，中華書局1988年版，第1頁。
② 容庚：《清代吉金書籍述評》（下），《學術研究》1962年第3期。
③ 何琳儀：《戰國文字通論》，中華書局1989年版，第9頁。
④ 此據光緒十年（1884）自刻本。

解釋"叔"、"文"、"夷"、"干"、"吾"等字，皆確當不易；至于"🈳"字今可確定為"蔡"字，其他"帝"、"王"、"客"、犖等字尚有疑義。前人所見不如後人之富，自然所得不如後人之多。從前人的基礎上更求精進，這是後人的責任了。①

用今天的眼光看，《字說》也有諸多不當，如《王字說》中誤以為"王"從"火"、"皇"從"日"就是一例。但此書能貫徹以字形分析為基礎，以文獻材料為佐證的考釋原則，力求古人造字之源，這點是可取的。

以上是第三階段的主要金文學著作。這一階段，可以說是清代金文研究的全盛時期。十九世紀末石印技術傳入中國，很快運用到金文書籍的印刷，直接印刷拓片已成為可能。這樣，研究者所依據的材料更加可靠，印刷數量和質量都大大提高。晚清學者除了利用傳統的比較法、偏旁分析法、推勘法之外，還使用二重證據法，再加上出色的文獻功底和科學嚴謹的態度，考釋銘文的水準大大高於前代，突破以往任何一個時期。趙誠云：

> 晚清的金文研究已經基本上越出了傳統金文學的範圍、突破了彝器款識學的藩籬，為古文字學從金石學分離出來創造了條件，也可以說是為古文字學發展成一門獨立的學科奠定了基礎。總之，晚清金文研究是金石學發展為古文字學最關鍵的過渡階段。②

這個時期，隨著金文學研究成果日漸增加，學者們開始利用金文等多種古文字材料證補《說文》。這種傳統觀念的轉變，在《說文》

---

① 容庚：《清代吉金書籍述評》（下），《學術研究》1962年第3期。
② 趙誠：《清代的金文研究》，《第二屆國際清代學術研討會論文集》，高雄，1999年。

研究史上可謂意義非凡。這一時期，孫詒讓的《名原》在探討漢字的原始狀況及演變原因以及考察分析字形繁簡變化等方面都作出了重要貢獻。唐蘭云：

> 光緒二十六年（一九〇〇），殷虛卜辭的發現①，在文字學上又揭開了一個新的時代。孫詒讓從研究金文作《古籀拾遺》《古籀餘論》，研究甲骨作《契文舉例》，綜合起來作《名原》，是這個時代的前驅。②

王國維云：

> 古文之學，萌芽於乾、嘉之際，其時大師宿儒，或咀謝或篤老，未遑從事斯業，儀徵一書，亦第祖述宋人，略加銓次而已。而俗儒鄙夫，不通字例，未習舊藝者，輒以古文所託者高，知之者鮮，利荊棘之未開，謂鬼魅之易畫，遂乃肆其私臆，無所忌憚，至莊葆琛（莊述祖）、龔定盦（龔自珍）、陳頌南（陳慶鏞）之徒，而古文之厄極矣。近惟瑞安孫氏（孫詒讓）頗守矩矱，吳縣吳氏（吳大澂）獨具縣解，顧未有創通條例，開發奧窔，如段君之於《說文》，戴、段、王、郝諸君之於聲音訓詁者。③

而且，晚清也是戰國文字研究的肇端，晚清學者利用新出土的文字材料開始了戰國文字的研究。何琳儀云：

> 晚清以來，傳統金石學迅速地發展，已漸有獨立之勢。學科

---

① 甲骨文被發現的確切時間應為清光緒二十五年即 1899 年，唐蘭此說並非錯誤，而是對正式發現的理解問題。
② 唐蘭：《中國文字學》，復旦大學出版社 2006 年版，第 24 頁。
③ 王國維：《羅振玉殷虛書契考釋·後序》，藝文印書館 1981 年版。

分類的日趨精密，有利於促進金石學園地裏開拓戰國文字研究的新領域。在戰國文字尚未明確地從舊金石學中分離出來以前，石器、貨幣、璽印、陶器等文字資料的整理和研究工作已先行展開。①

最為重要的是，晚清金文學者正確地掌握了古文字的演變過程，逐漸開始衝破傳統文字學的藩籬。學者們從最初的懷疑和謹慎地批判《說文》，終於到了有勇氣脫離其藩籬的時候，他們可以自信地用一種居高臨下的視角俯視漢字發展的長河，科學地評估《說文》之得失。金文研究雖始於宋代，而真正作為文字學研究則始于清末，尤其是甲骨文發見以後。在迎來新世紀曙光的時候，中國的文字學研究也開始進入一個全新的階段。

---

① 何琳儀：《戰國文字通論》，中華書局1989年版，第8頁。

第三章 清代的金文考釋

第一節 清代的金文考釋方法

要回顧清代金文學研究的歷史，不能迴避其研究方法。從理論上講，研究金文開始的那一刻，也是研究方法產生之時，手段與行為並存。比如《漢書·郊祀志》記載，宣帝時張敞釋出"賜爾旂鸞黼黻琱戈"，"拜手稽首"以及"敢對揚天子丕顯休命"等用語，都是金文中習見用語，可見所釋基本不誤。在沒有相關資料互相參證的情況下，會自然地用到對照法，即以當時通行文字作形體上的對比，而這恰恰是金文考釋的一種最基本、最常用的方法。這種方法類似於一種本能反應，是無師自通的。隨著金文學研究的發展，研究方法自然會越來越多，研究手段會越來越高明，對方法的科學總結和合理利用，是從事這項研究不可或缺的，研究清代金文學的歷史，自然要總結研究方法。有人說"考釋銘文的金文學研究法早在宋代已經開始"，其實不然，實際情況是我們總結金文考釋方法往往從宋代開始，因為宋代是學界公認的金文學研究的發端。

劉昭瑞曾把宋人考釋古文字具有普遍性的方法歸納為六種：其一，利用古文字象形、會意特點認識古文字。其二，對古文字筆畫繁省和偏旁變易規律的認識及運用。其三，對古文字同義項義符原則的認識和掌握。其四，同音通假原則在釋讀古文字中的運用。其五，推勘法的運用。其六，對古文字中"合文"的認識。① 清代人在此基礎之上進行了方法上的探索。清代傳統小學和古文字學獲得空前發展，在這種大的學術背景下，清代銅器銘文的考釋也進入歷史上又一個輝煌時期，特別是晚清，孫詒讓、吳大澂、方濬益等學者對金文考釋方法都有特殊成就，尤其是甲骨文被發現以後，人們認識古文字的視野立刻開闊了許多，他們所據的對比材料不局限於《說文》，而是更加廣泛，宋代人已經發現和使用的傳統考釋方法被清代人運用得更加純熟，並在此基礎上有更多的創造。趙誠曾經指出晚清的金文研究有兩大進步，其中之一就是清代的金文考釋方法。② 比如被宋代人初步嘗試使用的"二重證據法"在清代定型，到了晚清，孫詒讓將偏旁分析法運用得更加科學。還有利用銘文的表述習慣考釋文字等。趙誠曾對晚清的金文考釋方法進行過專門的論述。綜合考察清代人考釋文字的方法，可以概括為對照法、推勘法、偏旁分析法、二重證據法等四種主要方法。下面結合具體實例分項闡述。

一 對照法

所謂對照法，即將同一時期或不同時期的各種字體，其因襲關係的情形互相綜合比較後，找出共同的字原和特點，然後進行考釋文字的工作。此是利用古今字體的比較考釋古文字的一種有效的方法。③ 青銅器銘文為我們提供的材料從商代到戰國，前後歷經千餘年，再加上春秋戰國彼此相對獨立和封閉的狀態，所以由於時代和區域不同而出現的形體差異是很大的，即使是同時同地的文字，也會因為沒有統一的規範而表現出一定的差別，因此，正確掌握各種不同字形的演變規律，是正確考釋古文字的關鍵因素。從宋人使用對照法來考釋銅器

---

① 劉昭瑞：《宋代著錄商周青銅器銘文箋證·代序》，中山大學出版社2000年版，第9頁。

② 趙誠：《清代的金文研究》，《第二屆國際清代學術研討會論文集》，高雄，1999年。

③ 高明：《中國古文字學通論》，文物出版社1996年版，第144頁。

銘文以來，此種考釋法就被金文學家普遍使用。唐蘭云：

> 因為周代的銅器文字，和小篆相近，所以宋人所釋的文字，普通一些的，大致不差，這種最簡易的對照法，就是古文字學的起點。①

對照法利用的主要比較材料即是《說文解字》，甚至在很長一段時間內，《說文解字》是用此法考釋文字唯一的依據，直到今天，《說文》古文、籀文和小篆仍然是我們運用此法時最主要的比較對象。因為許書所收的小篆、籀文，以及古文等字形，大略皆繼承了先秦文字的系統。② 通過這些字形的互相比較，可以找出文字演變的軌跡，因為此法最簡便，而且可靠性高，所以一直受到學者們的重視，是古文字考釋的首選，何琳儀稱其為"考釋古文字的核心"③。到了清代，隨著出土材料日益增加以及研究者眼界的開闊，除了《說文解字》外，人們開始利用甲骨文、銅器銘文、石刻、簡帛以及各種傳抄古文材料進行對比研究，取得了可觀成就。

例如，阮元《積古齋鐘鼎彝器款識》著錄的子執斿彝中有一"𤔔"字，阮氏釋為"子執斿"④。《綴遺齋彝器考釋》收入一器子執扒瓠，其銘文與此同，方濬益考釋云：

> 从"𠈌"是也，彝器文"旅"字皆作二人執扒之形。二人為从，行旅之象。此作一人執扒當是斿之古文。……然《說文》無斿字。𠈌部，"游，旌旗之流也，从𠈌，汙聲。𦨶，古文游。"《玉篇》有斿云："斿或作游"。今以石鼓文"員獵員斿"等字與

---

① 唐蘭：《古文字學導論》，齊魯書社 1981 年版，第 165 頁。
② 唐蘭云："一直到現在，我們遇見一個新發現的古文字，第一步就得查《說文》，差不多是一定的手續。"（參見《古文字學導論》，齊魯書社 1981 年版，第 165—166 頁。）
③ 何琳儀：《戰國古文字典·序言》，中華書局 1998 年版。
④ 阮元：《積古齋鐘鼎彝器款識》卷一，嘉慶九年（1804）自刻本，第 23 頁。

仲斿父鼎證之，古只有斿字。①

方氏用對照法釋此字為斿之古文已成定論。再如，兮甲盤中有一"芇"字，孫詒讓考釋云：

"芇"字兩見，舊釋為"芩"，《說文》無此字，竊謂當市之古文。《說文》冂部："芇（市），買賣所之也"。市有垣，從冂、從乙。象相及也。乙，古文及字，㞢省聲。此上從㞢，即之省。中從冂，即"冂"之變，下從丁，即乙之變也。②

孫氏將金文與小篆字形比對，所釋完全正確，為學者普遍接受。又如，方濬益《綴遺》收錄一器盄弘卣，中有一字"盄"，此字又見於宋人著錄的齊侯鎛鐘（叔夷鎛）薛尚功釋為"溫"，王楚釋為"盄"。方濬益考釋云：

吳子苾閣學釋"盄"為"盟"。今按此字當釋"盟"。《說文》各本皆作"盟"，從囧從血，段氏注改為從囧，皿聲。謂盟與盂皆皿聲，故"孟津"、"盟津"通用。此文從皿，與段注合矣。然邾公華鐘、魯侯角二銘盟字並從血，古人書無定體，又未可執一論也。③

方氏之說甚是。以上三例是清代學者利用《說文》進行比對考釋金文的例子。上文講過，清代學者除了利用《說文》之外，還利用傳抄古文作比照的材料，這是清代學者利用此法的特點。傳鈔古文就是歷代輾轉摹寫流傳下來的戰國古文資料。漢代以來，傳鈔古文字體

---

① 方濬益：《綴遺齋彝器考釋》十六卷，商務印書館 1935 年石印本，第 1 頁。
② 孫詒讓：《古籀拾遺》卷三，光緒十六年（1890）自刻本，第 36 頁。
③ 方濬益：《綴遺齋彝器考釋》十二卷，商務印書館 1935 年石印本，第 5 頁。

有兩種主要形式，一種是字書，另一種是古體寫本。前者以《說文解字》為代表，後者以《魏正始石經》為代表。北宋時期，郭忠恕、夏竦整理當時傳世的用古文書寫的典籍、字書、出土材料，先後編撰《汗簡》三卷和《古文四聲韻》五卷。這兩部書以《說文解字》和《魏正始石經》為基礎，搜集存世的其他字書、寫本和石刻，匯集其中古文字編寫而成。① 這兩部書雖然對金石學的研究起過一定的作用，但宋朝以後，一直不太受重視。其原因有二：一是兩書所採用的古文材料後人大多見不到，其可考性無法核對；二是所收字體與宋以來出土的青銅器銘文有很大區別。② 特別是清朝以來學者推崇許學，而不信《說文》之外還有真正的古文流傳下來。錢大昕不僅對傳鈔古文持謹慎的態度，甚至否認金文資料的價值。一直到晚清，學者們仍然對傳鈔古文持懷疑的態度，吳大澂云：

> 夫《倉頡》《爰歷》《博學》《凡將》《訓纂》諸篇，世無傳書，其詳不可得而聞。若郭宗正之《汗簡》、夏英公之《古文四聲韻》，援據雖博，蕪雜滋疑。③

葉昌熾也持大致相同的看法。④ 潘祖蔭也對傳鈔古文的價值持否定態度，潘氏在《說文古籀補·敘》中云：

> 古籀廢絕二千年，至於今日，孰從而極其變哉。《說文》所載重文，後人或有增加，真偽參半。郭忠恕《汗簡》所輯，皆漢

---

① 李零：《後記》，《汗簡·古文四聲韻》，中華書局1983年版，第1頁。
② 李零：《後記》，《汗簡·古文四聲韻》，中華書局1983年版，第4頁。
③ 吳大澂：《說文古籀補·自敘》，中華書局1988年版。
④ 葉昌熾在《窶齋集古錄》序文中云："唐宋以後，六經三傳，私家迻寫，公庫雕板，皆以世俗通行之字，學者循誦學傳，安知所謂古文者。郭氏《汗簡》七十一家，其所錄古文，旁及道書石刻，而不皆鼎彝文字。"見《窶齋集古錄》，商務印書館民國七年（1918）石印本。

唐六朝文字，點畫不真，詮釋不當。夏竦《四聲韻》相為表裏，其謬則同。所謂商周遺跡無有也。

不僅如此，潘祖蔭還認為《逸周書》《穆天子傳》等皆為偽書。① 吳大澂、葉昌熾、潘祖蔭等人對傳抄古文的懷疑態度主要是前面講過的兩種原因，即可靠性難保和字形與金文不類。值得注意的是，《汗簡》和《古文四聲韻》等傳鈔古文材料雖與商周文字有很大區別，但與戰國文字多相合。清代學者對傳抄古文總體上是排斥和否定的，但也謹慎而有限度地用於文字研究，鄭珍、桂馥、段玉裁都曾引用《汗簡》和《古文四聲韻》等傳鈔古文材料補正《說文》。② 這些材料也用於金文研究方面，成為考釋金文的手段。

吳東發《商周彝器釋銘》康侯鼎銘文有"康侯ᰬ作寶尊"之語，吳氏考釋云：

> 手作"ᰬ"，見《汗簡》。手作殆即後人手筆、手記、手制之意，此開其先者。③

後來吳大澂釋"ᰬ"為"丰"，乃封之初文，形、聲俱合。這一結論也可以從从丰得聲的其他單字那裏得到證實，金文"奉"作"𢐗"、"𢐘"、"𢐙"諸形，《汗簡》作"𢐚"，皆从廾，丰聲。④ 吳氏雖考釋有誤，但他利用《汗簡》考證文字的思路是有啟發意義的。劉心源《奇觚室吉金文述》中收錄綸伯卣，銘文中有"綸"字，劉心源引用傳鈔古文資料考釋云：

---

① 潘祖蔭云："徐籀莊舊釋殊誤，其以丁子為兩日，以魯為蘇，以澤友里為一地名，以百姓為人名，以顯命為定命，皆非。徐氏徵引者乃《逸周書》《紀年》《穆傳》種種，皆偽書耳，取以為證，何耶？"見《攀古樓彝器款識‧自序》，同治十一年（1872）自刻本，第13頁。
② 李天虹：《說文古文校補29則》，《江漢考古》1992年第4期。
③ 吳東發：《筠清館金文》卷四，道光二十二年（1842）自刻本，第5頁。
④ 容庚：《金文編》，中華書局1985年版，第158頁。

不載字書，或云即論，《汗簡》古文言有作"🌱"者，此所從之言將"🌱"倒書之遂成谷，《穆天子傳》三有鳥䳒人，郭注："䳒"當是"䳒"。破篆為隸者誤以"🌱"為"谷"也。①

雖然後來的學者對劉氏的考釋有些爭議，但總的看來其說可從劉氏充分利用古文資料得出令人信服的結論。孫詒讓《古籀拾遺》就廣泛引用《說文》古文、三體石經、《汗簡》《古文四聲韻》等傳抄古文資料。孫氏《名原》也是經常引用《汗簡》等傳鈔古文。②孫詒讓《古籀拾遺》楚公鐘楚公之名作"𢇍"，孫氏認為此字當為"逆"，援引《汗簡》考釋云：

《汗簡·干部》載古文逆字作"𢇍"，云："見《尚書》"，案，"𢇍"當即"屰"字，藉為"逆"，然亦可為"凵"變為"冂"之證。③

這是孫詒讓利用《汗簡》考釋金文的一個典型例子。再如周䊾生敦有銘文"㫑以召其辟"之語，孫氏認為"召"當讀為"昭"。孫氏以《書·文侯之命》中有"亦惟先正克左右，昭事厥辟"一語為例，再援引《偽孔傳》中"能左右明事其君，又汝肇刑文武，用會紹乃辟"之語，而"紹"在《魏三體石經》中亦作"昭"④，最終證明了"召""昭""紹""詔"之間的通假關係，此四字皆可訓為"相助"義。⑤另外，周居後彝銘文有"𤿡"字，孫氏利用凡是"施舍"訓為

---

① 劉心源：《奇觚室吉金文述》卷六，光緒二十八年（1902）石印本，第8頁。
② 陳偉武：《試論晚清學者對傳鈔古文的研究》，《第二屆國際清代學術研討會論文集》，高雄，1999年。
③ 孫詒讓：《古籀拾遺》卷中，光緒十六年（1890）自刻本，第9頁。
④ 孫詒讓：《古籀拾遺》卷下，光緒十六年（1890）自刻本，第13頁。
⑤ 秦兵五年呂不韋戈、八年呂不韋戈有題銘曰"詔事"，前人釋"詔使"，以為指"奉詔使用"。實際上"詔事"，本指幫助相邦治事，成為一種職官名。（參見陳偉武《試論晚清學者對傳鈔古文的研究》，《第二屆國際清代學術研討會論文集》，高雄，1999年，第868頁。）

"賜予"時，"舍"就是"予"的借字這一規律證明此為"舍"字。然後又引《隸續》載《魏三體石經·大誥》"予惟小子"中"予"字古文作"⿳"，與此器"⿳"字一致來證明其說確當不易。① 吳式芬《攈古錄金文》有父舟觶，② 其銘文曰："父舟作⿳癸尊彝"。"⿳"字吳氏釋為"猒"③。孫詒讓訂正云：

　　⿳，舊釋為"猒"，云據《汗簡》引王存乂《切韻》，今考當為兄字。作"⿳"者，繁縟文也。後史桒彝"䎽"字作"⿳"，右从兄，亦正如此字，實非猒字也。④

其實此字與吳大澂《愙齋》著錄的愙鼎銘文首字"⿳"應為一字，只是寫法稍異，吳氏認為是"启"之古文。楊樹達認為此字應釋為"兄"，讀為"貺"⑤，後來學者對其多有爭論，多認為此字和"祝"字有關。⑥

再如劉心源《奇觚室吉金文述》有一西䵼鑪，銘文中有"⿳"字，劉氏云：

　　古刻猒从⿳，《汗簡》以"冒"為"厭"，此从"⿳"即"广"，从"⿳"即"冒"，是"㾕"字矣。⑦

以上是清代學者利用《汗簡》和《古文四聲韻》等傳鈔古文資料與銘文字體相對照正確考釋文字的實例。自宋至清學者對傳抄古文

---

① 孫詒讓：《古籀拾遺》卷下，光緒十六年（1890）自刻本，第21頁。
② 中國社會科學院考古所：《殷周金文集成》，中華書局2007年版，第5296，1號器。
③ 吳式芬：《攈古錄金文》卷二之一，光緒二十一年（1895）家刻本，第17頁。
④ 孫詒讓：《古籀餘論》卷二，哈佛燕京學社1929年石印容庚校本，第3頁。
⑤ 楊樹達：《積微居金文說》卷三《眉鼎跋》，中華書局1997年版，第61頁。
⑥ 潘培：《說古文字裏的"祝"及相關之字》，中國簡帛學國際論壇論文，武漢大學簡帛研究中心，2006年。
⑦ 劉心源：《奇觚室吉金文述》卷十八，光緒二十八年（1902）石印本，第23頁。

的懷疑態度，導致其作用大幅降低，但還是取得了一些可觀的成就。總之，對照法雖然是考釋古文字的基本方法，但將其運用得成熟而科學的是清代學者，尤其是晚清學者，正如黃德寬所云："此前，在一些研究者中運用這一方法取得的成就和違背它妄呈臆說的情況是並存的。"①

二　推勘法

推勘法是依據銘文的上下文，或傳世文獻中與之相同或相近的語言，將其置於具體語言環境中考察文義的方法。此法依據有二，一是文獻中與之相同或相近的語言，二是銘文本身的內容。但是，運用此法釋出的字往往和文獻中對應的字形體不一，是本字還是假借有時難以確定。在運用形體分析難以解決問題的情況下，此法固然有效，但又不能拋開形體單靠辭例推勘來考釋文字，否則會犯望文生訓的錯誤，只可將其作為輔助手段。這種方法"只能使我們知道文字的一部份讀音和意義，要完全認識一個文字，總還要別種方法的輔助"②。所以考釋文字必須以字形為主要依據。這種方法清代學者已經廣泛使用，但清代學者運用此法也注意到了要結合字形分析。比如吳大澂認為《尚書》中的"寧"字是"文"字之誤，吳氏在《文字說》中考釋云：

《書‧文侯之命》："追孝于前文人"，《詩‧江漢》"告於文人"，《毛傳》云："文人，文德之人也。"濰縣陳壽卿編修介祺所藏兮仲鐘云："其用追孝于皇考已伯，用侃喜前文人。"《積古齋鐘鼎彝器款識》追敦云："用追孝于前文人"，知"前文人"三字為周時習見語。乃《大誥》誤"文"為"寧"，曰"予曷其不于前寧人圖功攸終"，曰"予曷其不于前寧人攸受休畢"，曰

---

① 黃德寬：《古文字考釋方法綜論》，《文物研究》第六輯，1990年。
② 唐蘭：《古文字學導論》，齊魯書社1981年版，第172頁。

"天亦惟休于前寧人",曰"率寧人有指疆土"。"前寧人"實"前文人"之誤。蓋因古文文字有从心者,或作"㲃",或作"㲃",或又作"㲃"、"㲃"。壁中古文《大誥》篇其文字必與"寧"字相似,漢儒遂誤識為"寧"。其實《大誥》乃武王伐殷,大誥天下之文。"寧王"即"文王","寧考"即"文考","民獻有十夫"即武王之亂臣十人也。"寧王遺我大寶龜",鄭注:"受命曰寧王",此不得其解而強為之說也。既以"寧考"為武王,遂以《大誥》為成王之誥。不見古器,不識真古文,安知"寧"字為"文"之誤哉。①

"前文人"在銅器銘文中習見,吳大澂據此斷定《尚書》中的"寧"字是"文"字之誤,同時又以《尚書·大誥》的文獻資料為參證,結論確當無疑,既證明《尚書》中的"寧"字是"文"字之誤,同時說明了"文"字在金文中有一個从"心"的異體。還有一例,吳大澂《愙齋集古錄》收錄無叀敦蓋,其中有"敢對揚天子魯㲃令"一語,② 此語金文中習見,文獻中亦常見,如《詩經·大雅·江漢》云:"虎拜稽首,對揚王休",意為對答宣揚天王的賞賜。又《左傳·僖公二十八年》有"重耳敢再拜稽首,奉揚天子之丕顯休命",意義與前者相同。根據這些文獻資料,可以斷定"魯"下一文為"休"字。吳氏把此字釋為"休"是正確無誤的,但此字為何如此構型吳氏弄不清楚,所以他在《說文古籀補》中特意注明"蓋奇字"③。這不能盡責於吳氏,因為此字構型現在也沒人說清。這是推勘法解決不了的一個問題,但確定了字義再尋求構型的理據,畢竟範圍小了,再去研究構型便有了目標,其難度會大大降低。

大克鼎中有銘文"㲃遠能㲃","㲃"為何字以前無人探討,孫詒

---

① 吳大澂:《文字說》,《字說》,學海出版社1998年版,第29頁。
② 吳大澂:《愙齋集古錄》第九冊,商務印書館民國七年(1918)石印本,第10頁。
③ 吳大澂:《說文古籀補》卷六,中華書局1988年版,第3頁。

讓認為是"擾"的異文,此句為"擾遠能䚽"。孫氏考察"䙴"字,認為此字與秦盄和鐘中"䙴䜌百邦"和晉姜鼎中"用康䙴妥褱遠䚽君子"中的"䙴"、"䙴"相同,只是筆劃有些殘泐。於是否認了薛尚功將其當作"西夏"二字合文的說法,認為薛氏的釋法於義難通。孫氏認為右為從"夔"省,左從"卥","卥"和"擾"古音同部。孫氏認為"䚽"當讀為"䚽",依據是《國語·楚語》韋注云:"䚽,近也。""擾遠能䚽",意義與《詩經》和《尚書》中"柔遠能邇"相同,因為"柔"和"擾"讀音相近,是屬通假,"䚽"和"邇"同義,意為安遠而善近。秦盄和鐘"擾䜌百邦"說的是安和諸邦國,晉鼎"康擾妥褱遠䚽君子"說的是安綏遠近君子,與此意義相合。① 孫氏首先用銅器銘文進行對比,釋出"擾"字。接著運用辭例推勘的方法,考釋"擾遠能䚽"的語義。其說已成定論。

三 偏旁分析法

所謂偏旁分析法是利用分析構成部件來考釋古文字的方法。通常情況下,要想識得一個不熟悉的合體字,會很自然地運用偏旁分析方法。我們可以把偏旁理解為組成合體字各部位的獨立單元。《說文解字》就是利用偏旁分析解釋字義的代表著作。林澐對偏旁的定義是"泛指一切具有相對獨立性的構字單位"②。具體做法是:"先把已經認識的古文字,按照偏旁分析為一個個單體,然後把各個單體偏旁的不同形式收集起來,研究它們的發展變化;在認識偏旁的基礎上,最後再來認識每個文字。"③ 唐蘭也曾就偏旁分析法做過簡要論述:"是把已認識的古文字,分析做若干單體——就是偏旁,再把每一個單體的各種不同的形式集合起來,看他們的變化;等到遇見大眾所不認識

---

① 孫詒讓:《克鼎釋文》卷七,《籀廎述林》,廣文書局1971年版,第12—13頁。
② 林澐:《古文字研究簡論》,吉林大學出版社1986年版,第63—64頁。
③ 高明:《中國古文字學通論》,文物出版社1987年版,第147頁。

的字，也只要把來分析做若干單體，再合起來認識那個字。"① 偏旁分析從宋代就已經開始使用，清代使用得更加廣泛。

例如，方濬益《綴遺齋彝器考釋》收錄曾伯霥簠，其名作"霥"，從雨從秝，即"霖"字。方濬益認為此字從雨從"秝"，"秝"從木不從禾，並非"霖"字，"秝"應為古文"秝"字，"霖"即秝之籀文，從"雨"是取其下滴義。② 此外，方濬益利用偏旁分析法考釋薛侯盤的"䢉"字，認為"䢉"字從辛得聲，左從月，右從辛，應為"薛"之古文。③ 又如方濬益考釋榮伯鬲中的𤇾字云：

此字當釋"榮"，即"榮"之古文，《說文》："榮，從木熒省聲。"熒，屋下鐙燭之光，從焱冂，諸部中如瑩、營、䓏、榮等十餘文多同。④

方濬益釋"𣏟""㯱"為"荊"云：

𣏟，實古文荊。《說文》"荊，楚木也，從艸，刑聲"；古文作"㓨"。"𣏟"本從二小木，純象形。此文作"㯱"，為形聲。小篆改從艸，已昧其義。而許君所收之古文"㓨"，乃似從刀、從爻。竊謂"㓨"即"𣏟"，傳寫者誤分為二，故作"㓨"。其從艸者，蒙上文小篆之荊而誤。既云楚木，則此字斷無從艸之理。⑤

以上是方濬益利用偏旁分析法考釋金文的實例。清代學者使用此法考釋文字的現象已經相當普遍，比如，劉心源《古文審》中收錄縣妃彝，銘文有"㯱"字，阮元《積古齋鐘鼎彝器款識》釋為"楢"，

---

① 唐蘭：《古文字學導論》，齊魯書社 1981 年版，第 179 頁。
② 方濬益：《綴遺齋彝器考識》卷八，商務印書館 1935 年石印本，第 19 頁。
③ 方濬益：《綴遺齋彝器考識》卷七，商務印書館 1935 年石印本，第 22 頁。
④ 方濬益：《綴遺齋彝器考識》卷二十七，商務印書館 1935 年石印本，第 22 頁。
⑤ 容庚：《金文編》，中華書局 1985 年版，第 35 頁。

在楷妃彝下云:"楷字从相从幺,疑即《釋名》緗桑之桑。"① 劉氏釋為"縣",考證云:

> 縣,舊釋作"楷",以為"緗"字,非也。此銘下文作"🈳"、"🈳"从木糸首,會意,乃"縣"字。叔弓鎛其縣二百,篆作"🈳",郰子鐘中"縣且揚"作"🈳",皆與此合。《說文》作"🈳",云:"从系持県"。案,"県"即梟斬,字形為倒首,縣字从之,知本義為懸掛。②

劉氏利用偏旁分析法正確考釋此字,糾正阮氏的錯誤。又如,劉心源釋靜敦銘文的"🈳"字為"沱",劉氏云:

> 池本沱字,舊釋作洍,非。案:《說文》有沱無池,沱下云:"江別流也"。大徐云"池、沼通用"。此字今俗別作"池",非是。……古音支歌不分,故沱即池,又篆書"🈳"、"🈳"形近,隸變多棍。③

劉氏利用偏旁分析法與對照法,正確釋出"縣"和"沱"字,容庚對劉氏的發現也予以充分肯定。④ 清代學者利用偏旁分析考釋文字的現象已經相當普遍,但是運用得最成熟的是晚清學者孫詒讓,孫氏將此法靈活地運用於古文字考釋。從孫氏開始,此法成為具有科學意義的研究方法。孫氏的《古籀拾遺》《古籀餘論》完全用分析偏旁的方法,掃除了以往隨便推測的習氣,唐蘭稱他"最能運用六書的條例,可以說是許慎以後第一人。"⑤ 例如繼彝下有"🈳""🈳"二字,

---

① 阮元:《積古齋鐘鼎彝器款識》卷五,商務印書館1937年版,第320頁。
② 劉心源:《古文審》卷五,光緒十七年(1891)自寫刻本,第14頁。
③ 劉心源:《古文審》卷七,光緒十七年(1891)自寫刻本,第6頁。
④ 容庚:《清代吉金書籍述評》(下),《學術研究》1962年第3期。
⑤ 唐蘭:《古文字學導論》,齊魯社1981年版,第65頁。

孫氏考釋云：

> 竊以此二字所從偏旁析而斠之，而知其形當以作"䇂"者為正。……其字即從青爭聲之"靜"也。何以言之，"䇂"字上從生明甚。生下繫以井者，當為丼，中一"·"缺耳。青從生、丹。《說文》丹之古文作"彤"。此從丼，即從古文丹省也。右"𠂇"者，即爭字。《說文》"爭"從"𠬪"、"丿"，"𠬪"從爪、從又。此作"𠂊"者，爪也。"𠂇"者，"丿"也。"𠃌"者，"又"之倒也。齊侯甗卑旨卑瀞，瀞字作"㴫"；"齊邦𩾇靜安盩"，靜作"䇂"）其以"青"為青，與此異；其以"𠂊"、"𠂇"為爭，則此彝"𠂇"即爭形之確證也。①

孫氏首先利用偏旁分析法分析"靜"字的組成部件，然後又援引其他銅器銘文，再以文獻資料作為補充。再如孫氏分析矛字偏旁云：

> 《說文·矛部》："矛，酋矛也。象形，古文作𥍍，從戈。"以形審之，與刺兵不相似。金文矛字未見，其見於偏旁者，如"敄"字，毛公鼎"迺敄鰥寡"作"𢻫"，王且尸方甗"無敄"作"𢻫"，䣄公敄人敦敄作"𢼀"，所從矛字皆作"𠄏"，唯䣄敦省一筆，餘並同。又"通"字，宗周鐘："王肇通省文武，勤疆土"作"𫝈"，矛形作"𠄏"，上岗與鼎甗敦文亦同，下從"木"，則與諸文小異。又盂鼎："雩我其通省先王，受民受疆土"，"通"作"𫝈"，則又省矛為"𠚍"，似僅存其岗，下從"内"，則"同"省口也。以諸文參互考之，矛本形當作"𠄏"，上象刺兵之鋒，中象英飾，下象人手持之，或省其英飾之半以益下而成"木"，則似像其把，蓋變體也。②

---

① 孫詒讓：《古籀拾遺》卷中，光緒十六年（1890）自刻本，第16—17頁。
② 孫詒讓：《名原·自敘》，清光緒玉海樓石印本，第27頁。

由於孫氏能科學地利用偏旁分析法，結論也令人信服，"由此認識的字，大抵總是顛簸不破的"①。

四 二重證據法

從宋代開始，學者研究金文過程中逐漸發現，金文資料可以作為研究上古文化的材料，可以用來證補上古的典籍或相關的古代歷史。吳大澂認為，後代所讀經典由於輾轉傳抄已經失其本真，已經不是從前漆簡文字的原貌了，不如青銅器保存完好，文義和篆法都完整保留著鎬洛之遺風。② 羅振玉於吳大澂《愙齋集古錄》序文中云：

> 古者大事勒之鼎彝，故彝器文字，三古之載籍也。唐以前無彫板，而周秦兩漢有金石刻，故周秦兩漢之金石刻，彫板以前之載籍也。載籍愈遠，傳世愈罕，故古彝器之視碑版，為尤重焉。③

羅氏認為銅器銘文是保存最完整的古代典籍，其重要性遠遠超過雕版以後的書籍內容。唐蘭也非常注重銘文的史料價值，認為是："研究此一時期之最上史料也。"④ 銅器銘文的內容有很多並不見於史料記載，這部份內容可以作為史料很好的補充，吳其昌也認為，"故欲考宗周一代之史獻故實，彝器文字，當居首位"⑤。可見，銅器銘文是考證古籍或古史最好的第一手材料，這一點在晚清時期已經成為共識。對銘文史料價值的認同直接影響到金文學研究，促使"二重證據法"在理論上的成熟。

---

① 唐蘭：《古文字學導論》，齊魯書社 1981 年版，第 179 頁。
② 吳大澂：《愙齋集古錄》第四冊，商務印書館民國七年（1918）石印本，第 10—11 頁。
③ 吳大澂：《愙齋集古錄》，商務印書館民國七年（1918）石印本，第 1 頁。
④ 容庚：《頌齋吉金圖錄》，唐蘭序，臺聯國風出版社 1978 年版，第 5 頁。
⑤ 吳其昌：《金文厤朔疏證》，商務印書館 1936 年版，第 2 頁。

1925年，王國維發表了《古史新證》，此書中正式提出"二重證據法"這一理論，王氏云：

> 研究中國古史，為最糾紛之問題。上古之事，傳說與史實混而不分。史實之中，固不免有所緣飾，與傳說無異，而傳說之中，亦往往有史實為之素地，二者不易區別，此世界各國之所同也。……吾輩生於今日，幸於紙上之材料外，更得地下之新材料。由此種材料，我輩固得據以補正紙上之材料，亦得證明古書之某部分全為實錄，即百家不雅馴之言亦不無表示一面之事實。此二重證據法，惟在今日始得為之。雖古書之未得證明者，不能加以否定，而其已得證明者，不能不加以肯定，可斷言也。①

二重證據法就是用典籍與地下實物互證的方法。用典籍來證明地下資料為歷史的實錄，以地下實物來補充典籍上的正誤。王國維認為，古文字、古器物之學與經史之學是互為表裡的，"惟能達觀二者之際，不屈舊以就新，亦不紐新以從舊，然後能得古人之真，而其言乃可信於後世"②。王氏明確提出用於補正經史的地下材料是甲骨文和金文，但這並不意味著排除其他出土文獻，實際上王氏徵引的材料要廣得多。後來于省吾對王國維的二重證據法加以補充，于省吾云：

> 關于古文字資料在研究古代歷史上的地位問題，我過去一再強調要以地下發掘的文字資料為主，以古典文獻為輔。象甲骨文這樣保存在地下的文字資料，是三千多年來原封不動的，而古典文獻則有許多人為的演繹說法和轉輾傳訛之處。③

---

① 王國維：《古史新證》，清華大學出版社1996年版，第1—3頁。
② 商承祚：《殷虛文字類編·序》，民國十二年（1923）商氏綫裝8冊刊本。
③ 于省吾：《甲骨文字釋林·序》，中華書局1993年版。

值得注意的是，清代學者雖然沒有正式提出"二重證據法"，但在實踐中，已經開始自覺運用地下材料來印證傳世文獻，同時用傳世文獻考證金文。隨著金文學與經學的發展，學者們在利用銅器銘文資料解讀古籍方面取得了值得重視的成就。從某種意義上甚至可以說，王國維這一理論是在總結清代金文研究的基礎上提出的。"考釋其義，而參證於經史"① 這也是我們研究出土文獻的最終目的。阮元云：

> 形上為道，形下為器。商周二代之道，存于今者，有九經焉。若器，則罕有存者。所存者，銅器鐘鼎之屬耳。古銅器鐘鼎銘之文為古人篆蹟，非經文隸楷縑楮傳寫之比。且其詞為古王侯、大夫、賢者所為，其重與九經同之。②

可見阮氏對金文的文獻價值是有充分認識的。清代學者主張結合經史考釋金文，這樣就逐漸進入經史與地下材料相結合研究階段。在清代學者的努力之下，出土文獻資料和傳世經典終於結合，並且取得豐碩的成果。例如，孫詒讓在周冘敦下云：

> 內史掌策命之事，或即稱為作冊，《書·洛誥》云："王命作冊逸祝冊"，又云："作冊逸誥"。尹逸蓋為內史，故謂之"作冊逸"，《書》馬、鄭注及《偽孔傳》，並不得其解。周之史官亦稱尹氏，疑尹逸之後，世為此官，此尹和亦逸之胄裔。蓋以職事言之則曰"作冊"，兼舉其官則曰"作冊內史"，箸其姓名則曰"作冊逸"、"作冊尹"，"和俾冊令冘"，言王以命辭付內史尹和，使之冊命冘也。③

---

① 容庚：《甲骨文編序》，《頌齋文稿》，翰墨軒出版有限公司1994年版，第89頁。
② 阮元：《積古齋鐘鼎彝器款識》之《商周銅器說》上篇。
③ 孫詒讓：《古籀拾遺》卷下，光緒十六年（1890）自刻本，第7頁。

孙诒让根据金文中习见的"作册"一词，准确解释了《尚书》中的相关内容，弥补了前代的空白，使金文研究成果成为证经说字的凭借。从以上分析中我们可以了解到金文学对古代历史与文化的积极作用。再如吴东发《商周文拾遗》收录师尚父敦，吴氏考释云：

太公簠铭曰："太公作铸其宝簠，子孙永宝用享。"今案其文作"內"公，盖"內公"。"內"通作"芮"，古国名。诗云："虞芮质厥成"。宣王时有芮伯。以为太公，诬矣。①

吴氏利用《诗经》中的有关记载得出准确的结论。又如㹑敦考释云：

《竹书纪年》以共伯、和伯为共伯，与《左氏》诸侯释位而间王政之说合，然则伯和父者，其和伯欤。今案其册命之辞，不曰"王若曰"，而曰"伯和父若曰"；又考之《书》，曰"余小子"，曰"余惟小子"，曰"惟予小子"，而此独曰"惟小子余"，则所谓余者，和父自谓也。非厉王出奔，诸侯摄政、何以有是？②

以上是利用文献相关记载准确释读铭文的实例。又如，丙申角铭文有"𢇓"字，此字与毛公鼎中的"𢇓"形体一致，方濬益和孙诒让都作了考释，二人都援引经典而且结论完全一致。方氏云：

今按弟五字为"𢇓"，从"𢆶"从"曰"，象矢在箙中之形。毛公鼎"簟弻鱼菔"作"𢇓"，经典通用服，古菔、備、㔿、服一声，皆音"扶逼反"。《诗·楚茨》五章"備"与"戒"韵，《采薇》五章"服"与"戒"韵，可证。又《说文》牛部"犕"

---

① 吴东发：《商周文拾遗》卷中，中国书店 1924 年石印本，第 5 页。
② 吴东发：《商周文拾遗》卷中，中国书店 1924 年石印本，第 17 页。

下引《易》曰"牄牛乘馬",今《繫辭》作"服"。《左傳》:"王使伯服如鄭請滑",《史記·鄭世家》作"伯牄"。《後漢書·皇甫嵩傳》:"董卓抵手言曰:義真牄未乎?"《北史》:"魏收嘲陽休之,義真服未",正作"服"。《玉篇》亦云:"牄,服也。""是菊"即"矢箙"。古本作"𤰞",形變為"𤰞",小篆作"𧰼",而矢箙之形失矣。①

孫詒讓云:

魚𥫱,讀為"牄"。《說文》牛部:"牄,《易》曰"牄牛乘馬",从牛,菊聲。今《易·繫辭》作"服牛"。又《史記·鄭世家》:"周襄王使伯牄請滑",左氏作"伯服"。古"服"、"牄"通用,此"魚菊"即《詩》之"魚服"。②

二人採用的方法相同,依據的材料也相同,而且最重要的是都得出了可信的結論。他們利用銅器銘文和傳世文獻的用字比較後,確定金文此字即"牄",只是方氏又往前走了一步,確定此字乃"箙"的本字,為盛箭的器具,並闡明其演變的過程。他們利用文獻資料來證明金文的過程也非常嚴謹,結論可信。

以上是利用文獻考證金文的實例。有時會有另外一種情況,就是傳世文獻中某些字句難以解釋,學者們只好作委婉曲折的解說來附會,最後出土文獻提供有力的證據,問題就完全解決了。《尚書·費誓》有魯侯與徐戎作戰前的誓師之辭:"馬牛其風,臣妾逋逃,勿敢越逐,祗復之,我商賚爾。"③《偽孔傳》將"我商賚爾"解釋為

---

① 方濬益:《綴遺齋彝器考釋》卷二十六,商務印書館1935年石印本,第27—28頁。
② 孫詒讓:《古籀拾遺》之《毛公鼎釋文坿》,光緒十六年(1890)自刻本,第182頁。
③ 裘錫圭:《閱讀古籍要重視考古資料》,《古代文史研究新探》,江蘇古籍出版社1992年版。

"我則商度汝功賜與汝",把商解釋為"商度汝功"。在銅器銘文中,常常借用"商"字來表示賞賜的"賞"字。劉心源《奇觚室吉金文述》珥鼎考釋云:

> "商"用為"賞",古刻通例。……"商"、"賞"通用,古刻以外,不見雅訓,惟《費誓》云:"我商賚汝",僅存古文。後儒不識通假,乃以"商度"解之,非也。①

劉氏利用金文資料來解釋前代對古籍的誤解。總之,清代學者能夠在銘文考釋上相當靈活地運用此種方法。方濬益云:"文獻之信而有徵者,亦考古之深幸也",這句話可以看出清代學者對二重證據法的深刻認識。

第二節　清代金文考釋之疏失

一　客觀因素分析

清代前期的學者,考釋金文時比較缺乏科學嚴謹的態度,多被後來學者普遍否定。陸和九云:

> 因於阮吳諸家強以經注附會,支離而形式益難確定。此自宋至清所以出土之器愈多,而通曉之說絕少。蓋專制時代,研究此種學術以貢獻於國家,多阿附君主之意,不敢騁其辭。而私家之收藏,其力不逮君主,不能聚天下之物一一為之摩撫而詳加考訂,即有一二特出之才殫竭慮繪圖著書,終不免拘守經注之弊。②

此評價未免有些絕對,但清代前期金文研究水平不高,這是一個

---

① 劉心源:《奇觚室吉金文述》卷一,光緒二十八年(1902)石印本,第27頁。
② 陸和九:《中國金石學講義》,中國書店出版社2003年版,第215頁。

不爭的事實，原因也許不像陸氏所言"阿附君主之意，不敢騁其辭"，有些錯誤是因為考釋銘文水平太低，雖慾"騁其辭"，但囿於水平而力所不及。比如《西清》將己伯鼎銘文"王在繇佐宮，大以厥友守，王饗醴。王呼膳夫馭召大以厥友入攻，王召走馬雁令取雄䳋卅匹錫大"釋作"王在○○宮大巳乃友家王饗○王呼善大馭召大巳乃友舉戠王召巫馬雁命取瑪○山一所"。再如將商祖鼎①定為商代，考釋銘文"△"字云："商人商質，其詞固應爾。按《書》稱'用命賞於祖'，周禮左祖右社，故許慎《說文》謂祖始廟也。鼎為祭器，用於廟中，銘祖宜矣。"望文生義，不為人所信服。到了晚清，雖然銘文考釋的整體水平比前期大有進步，但是仍有值得商榷之處。原因是多方面的，其客觀因素可以概括為如下幾點：②

其一，印刷技術落後限制了學術的發展。石印技術和珂羅版印刷術都是在光緒年間傳入中國的，在此之前都是用刻石和雕版刊印圖書，工序複雜，沒有一定的財力和人力是做不成的。學者們雖知刊印著錄的意義，但由於當時印刷技術的限制，印行書籍還是非常困難的。③ 印刷書籍要經過複雜的工序，而印刷金石書籍就更加繁瑣。清政府以朝廷之力編纂"四鑒"，可是只有一種得以刊行。潘祖蔭收藏四百五十器，只有五十件得以印行。陳介祺收藏三百九十件器，因其僻居濰縣以至一書無成，陳氏的著作中在清代出版的僅有《簠齋傳古別錄》，其他的如《簠齋藏器目》《東武劉氏款識》和《簠齋吉金錄》直到他逝世後才得以印行，其中《簠齋吉金錄》由鄧實（秋枚）輯錄，只有個別銘文有陳氏跋語，因此不能反映陳氏的文字研究水平，這是很大的遺憾。陳介祺給鮑康的信中說："刻書之事，不能不望有力而在都會者，無工無友，惟有浩嘆。"此外還有吳大澂，收藏三百四十一器，刻于《恆軒吉金錄》中只有七十

---

① 《西清古鑒》卷一之一，乾隆二十年（1755）內府刻本。容庚疑偽，後改為真。
② 容庚、趙誠都曾對影響清代金文學成就的原因做過具體分析，分別見於容庚《清代吉金書籍述評》（下），《學術研究》1962年第3期。趙誠《清代的金文研究》，《第二屆國際清代學術研討會論文集》，高雄，1999年。
③ 參見容庚、張維持《殷周青銅器通論》，文物出版社1984年版，第139頁。

一器。收藏拓本一千餘種，死後才得印行。可見，印刷技術的落後在一定程度上限制了金文學的發展。

　　光緒年間，石印技術和珂羅版印刷技術傳入中國，但珂羅版技術民國以後才用於吉金書籍印刷。石印技術於光緒末年開始使用，最早利用此技術印刷的是端方的《陶齋吉金錄》。石印技術印刷拓片較容易，可以放大或縮小，而且非常清晰，最主要的是可以省去刻板這道工序，省時省力。因為有了這項技術，先前學者們不易見到的拓本也開始流傳，"因釋其文用西人石印法傳之，為海內學者廣其聞見藉資考證"①。印刷技術的改善，使學者們能夠接觸到更多的第一手材料，學術觀點也可以在學術界得到更廣泛的交流，而這兩點是學術進步的前提。但遺憾的是，石印技術用於吉金書籍印刷已經是光緒三十四年（1908）。假使不受印刷技術的限制，那麼可以肯定地說，清代金文學的整體面貌就完全不同了。

　　其二，出土器物的銹蝕殘泐導致釋讀和考證錯誤。銅器經過上千年的埋藏，銘文往往殘泐不清，有的甚至成為碎片，這是以出土材料為研究對象的學科所面臨的最大問題，而且這個問題今後仍將存在。銅器銘文的銹蝕是金文學發展的主要制約因素之一，由於銹蝕殘泐而導致的很難避免的考釋錯誤也不勝枚舉。比如，吳榮光《筠清館金文》周申月望鼎，銘文中有"御公各"三字，吳氏考釋云："公各，公路之省。"孫詒讓在《古籀拾遺》中校正吳氏的考釋云："'公各'誤釋為'公路'，以'各'為'路'之省，非也。作鼎不當云'用御公路'，此'各'字當為'客'之省。"② 實際上二人的解釋都有誤，容庚以應公鼎為證，認為"禦公"二字當是"鼏享"二字的泐文。③

　　阮元《積古齋鐘鼎彝器款識》中有一器周公望鐘，此為阮元自藏，因銹蝕殘泐過甚，加之摹銘也不夠仔細，將"䢉（邾）公牼"誤

---

① 吳大澂：《愙齋集古錄》第四冊，商務印書館民國七年（1918）石印本，第11頁。
② 孫詒讓：《古籀拾遺》卷下，光緒十六年（1890）自刻本，第21頁。
③ 容庚：《清代吉金書籍述評》（下），《學術研究》1962年第3期。

釋為"周公望"①。將"以樂其身,以宴大夫"誤釋為"以其屯於鯀乍天"②。左圖為截取的摹本,從中可以看出,摹寫的問題也是阮氏誤釋的原因。如果不是因為缺泐和摹寫錯誤,準確釋出"以樂其身,以宴大夫"對阮元來說應該是沒有問題的。又如曾伯霂簠有"遐不黃耇"一語,因缺泐而誤釋為"叚（⿱）䜌（⿱）黃耇",考釋云:"叚本作假,䜌借為樂……'假樂黃耇',頌禱之辭。"

孫詒讓《古籀餘論》召伯虎敦銘文有"堇圭"二字,由於殘泐,孫氏誤釋為"堇士",並考證云:"'堇'、'勤'聲類同,'士'、'土'通用。"孫氏以《史記》所引《禮記》中"相土"作"相士"為依據,進一步考證云:"此與宗周鐘云'王肇遹省文武堇疆土'義同,蓋召伯既致此命,琱生乃受命而勤定其土田之疆域也。"③ 由於殘泐,致使所有的努力都變得沒有意義。

圖 3-1 阮元《積古》所載周公望鐘摹本

---

① 摹本作"⿱",阮氏釋為"望",摹本就不準確。
② 阮元:《積古齋鐘鼎彝器款識》卷三,嘉慶九年自刻本,第 19—21 頁。
③ 孫詒讓:《古籀餘論》卷三,1929 年哈佛燕京學社石印容庚校本,第 27 頁。

劉心源《奇觚室吉金文述》收克鼎拓本，銘文有"易（錫）女田于埜"，由於銘文銹蝕殘泐而誤釋"埜"為"竺"，劉氏考釋云：

  "竺"即"竺"。《說文·二部》："竺，厚也。從二，竹聲"，又高部："𥷋，厚也。從高，竹聲"，皆與篤同。《楚辭·天問》："帝何竺之"，注："竺，厚也"。案：從工從二各不同，余以築古文作"𥷋"推之，知從工從土皆是，而從二者為譌省。築從筑，筑從巩，工即巩省也。古文從土從𥷋，則此銘竹下從土，乃省高耳。寫者省從二，許遂收入二部，試思二於厚義何涉乎？①

吳大澂《愙齋集古錄》收錄仲汝鬲，銘文為"仲汝作鬲"②。然而周代的金文皆借女為汝，不應寫作汝，所以王國維在《三代秦漢金文著錄表》中定為偽器。③後來此器歸於容庚，經過敷剔之後發現，"汝"實際上是"姬"字，器並不偽。容庚云：

  余所藏仲姬鬲"姬"字之左旁亦為紅鏽所掩。吳大澂誤釋為"汝"。余用山樝敷數次不能去，卒由估人剔出，惟略傷於肥耳。④

隨著科學的進步，處理銅銹也許會有更好的辦法，但不管採用什麼手段，也不可能徹底解決銹蝕問題，有些古器是不可能修復的。研究材料的腐蝕和銹蝕問題會永遠存在。

  其三，時代名物變化從而產生認識上的偏差。清代學者研究金文

---

  ① 劉心源：《奇觚室吉金文述》卷二，光緒二十八年（1902）石印本，第34頁。
  ② 吳大澂：《愙齋集古錄》第十七冊，商務印書館民國七年（1918）石印本，第18頁。
  ③ 王國維：《三代秦漢金文著錄表》卷二，藝文印書館1969年版，第10頁。
  ④ 容庚：《商周彝器通考》，文史哲出版社1985年版，第174頁。

所出現的錯誤有些是源於時代的限制。清代學術雖有空前發展，但對古代歷史、文化、地理、文物等方面的了解畢竟有限，容庚指出：

> 周代與現在距離在二千年以上。周代以前的器物、制度很難保存至今，也很難大量記載在書本之上，故今人不盡能了解古人的情況乃勢所必然。①

容氏認為金文中的人名、地名等多不見於史書記載，所以很多專名所指何人何事一概不得而知，此外周代的禮樂制度和風俗習慣後代也知之甚少。"後人所不知聖人之事有二，古文字其一，道理其一也。"② 這些都給金文研究帶來困難。比如清代人考釋地支中的"巳"字就是很好的一例，金文中"巳"字作"𠃚"、"𠃋"、"𠃌"諸形，與小篆等後代文字中的"子"形體一致，於是清代人誤以為此字就是"子"，但又與干支表不和，於是就作了一些牽強附會的解釋，如《積古齋鐘鼎彝器款識》格伯簋，阮氏將"癸子"當成癸亥、甲子二日的並稱，云："癸子，癸亥、甲子二日也。"③ 吳榮光在《筠清館金文》收錄的叔娟匜下考釋云：

> 乙子，是乙亥，丙子二日所作，即周兄癸卣"丁子"、周格伯敦"癸子"、伯碩鼎"乙子"之例。以子定上日之亥，以乙定下日之丙也。

可以看出吳氏和阮氏持相同看法。潘祖蔭考釋史頌鼎時便引用張之洞之說："丁子即丙子，以頌敦三月甲戌推知之。"④ 此外劉心源將

---

① 容庚：《清代吉金書籍述評》（下），《學術研究》1962年第3期。
② 陳介祺：《秦前文字之語》，齊魯書社1991年版，第77—78頁。
③ 阮元：《積古齋鐘鼎彝器款識》卷七，嘉慶九年自刻本，第16頁。
④ 潘祖蔭：《攀古樓彝器款識》卷一，同治十一年（1872）自刻本，第12頁。

辛子敦中"❡"字釋為"子"，劉氏云：

> 案十幹配子者，如甲、丙、庚、戊、壬古今無異，若乙、丁、己、辛、癸配子者，不見經傳，惟古刻屢用之。……余嘗疑古人幹枝相配無定例，今益信之。①

實際上不是"古人幹枝相配無定例"，而是劉氏沒弄清"❡"字本為"巳"字。羅振玉根據甲骨文中的"巳"字，確定了金文中的"❡"字為"巳"，羅氏云：

> 卜辭中凡十二枝之"巳"皆作"子"，與古金文同。宋以來說古器中，乙子、癸子諸文者，異說甚多，殆無一當。今得干支諸表，乃決是疑。②

甲骨文地支之子作"𣥂"、"𣥂"、"𠙴"、"𠙴"等形，地支之巳作"𡥀"、"𡥀"、"𡥀"等形，"𣥂"、"𡥀"實為一字。③確定了"子"即是"巳"字，丁、癸、乙、辛正好可與之相配合，這個結論是在甲骨文出土以後，學者們用甲骨文的相關材料比對考證才發現的，另外兮甲盤中的"甲"，在甲骨文發現之前一直釋作"田"，準確釋出此字也是與甲骨文進行綜合考證的結果。造成這些不當主要是因為當時的古文字資料有限。還有銅器的分類定名中出現的錯誤，有一部份是因為對其形狀、功能的認識不足而引起的。王國維云：

> 文無古今，未有不文從字順者，今日通行文字，人人能讀之能解之，詩書彝器亦古之通行文字，今日所以難讀者，由今人之

---

① 劉心源：《奇觚室吉金文述》卷三，光緒二十八年（1902）石印本，第20頁。
② 羅振玉：《殷虛書契考釋》卷中，藝文印書館1981年版，第4頁。
③ 徐中舒：《甲骨文字典》，四川辭書出版社1993年版，第1571頁。

知古代不如知現代之深故也。苟考之史事與制度文物以知其時代之情狀，本之詩書以求其文之義例，考之古音以通其義之假借，參之彝器以驗其文字之變化，由此而之彼，即甲以推乙，則於字之不可釋，義之不可通者，必間有獲焉，然後闕其不可知者以俟後之君子，則庶乎其近之矣。①

胡樸安云：

一、古器物出土日多，見多識宏，可以左右弋獲。二、甲骨文發現，互相比較，認識愈真。三、景印方法便利，傳佈既易，研究者日多，得以彼此切磋。四、受西方學術之影響，研究方法進步。基此四因，此金文學所以至近日始發展也。②

總之，隨著科技的發展，研究金文學的條件會越來越好，古器物的不斷被發現、搜集和整理，會使我們可據參照的材料越來越多。清代學者無法衝破時代的限制，也很難扭轉那個時代"半藝術的治學態度"③的整體趨向，但學術是在批判中進步的，我們理性地分析清代人的治學條件，可以更清楚地看到我們所處的位置和今後的方向。

二　主觀因素分析

制約清代金文學研究的，除了上述的客觀因素之外，還有一些主觀因素，可以歸納為以下幾點：

其一，因文字形體相近而發生混淆。有時金文字形的相近會引起考釋的錯誤，例如《寧壽鑒古》父辛鼎三銘文有"宥作父辛尊彝亞

---

① 王國維：《毛公鼎考釋序》卷六，《觀堂集林》，中華書局1994年版，第294頁。
② 胡樸安：《中國文字學史》，臺灣商務印書館1992年版，第604頁。
③ 李濟：《中國古器物學的新基礎》，《李濟考古學論文選集》，文物出版社1990年版，第61頁。

形中弓矢"之語，"宥"字實為"宥"字之誤，是作器者名，考釋云：

  薛尚功《鐘鼎款識》載伯映彝曰："右伯映作宥作寶尊彝"，則伯映為周人，則宥非人名可知。案《文子》："三皇五帝有勸戒之器名宥曰卮"。又宥與侑通，《周禮》："王大食三侑，皆合奏鐘鼓"，所謂以樂侑食也。則茲鼎之銘，或取宗廟中侑食之義。

  其實《寧壽鑒古》所引薛尚功《鐘鼎款識》中"宥"實為"守"字之誤，此處則是以訛傳訛。《筠清館金文》子丁壺下吳榮光認為"甲""丁""十""才""在"存在著通用關係，吳氏云：

  是故"甲"可假"十"為之，可假"丁"為之，"甲"、"丁"、"十"又可假"才"為之。"才"即"在"字，"才"、"在"亦可假"甲"、"十"與"丁"為之。明於"甲"、"丁"、"十"、"才"、"在"、五文通假之所以然，而古文之不可通者以此例通之。發凡於此，且以補本朝儒者說假借之法之闕。①

  這是由於"甲""丁""十""才"字形相近導致的錯誤。此四字形雖近，其意義各有所取，並非通假。錢坫《十六長樂堂古器款識考》中，將兮仲簠稱爲平仲簠，釋"兮"為"平"，考釋云："'平'字作'兮'，古無以'兮'字爲名者，當是'平'字省寫而譌亂耳。"此字器文作"兮"，蓋文作"兮"，與"平"字形似，所以錢氏誤釋為"平"②。吳大澂《恆軒所見所藏吉金錄》釋盂鼎之"屮"為

---

 ① 吳榮光：《筠清館金文》卷二，道光二十二年（1842）自刻本，第11頁。
 ② 錢坫：《十六長樂堂古器款識考》卷二，開明書局民國二十二年（1933）翻刻本，第6頁。

"相"①，吳東發《商周文拾遺》南仲尊中有一"䘵"字與此同，吳氏也將其釋為"相"，考釋云：

> 季娟鼎亦有此字則釋作"見"，不知彼當作"相"字，其文曰："王徙於楚麓，命小臣夌先相楚居。"而此當作見，六書所謂處事也。②

此字直到孫詒讓《古籀餘論》才得以匡正。《古籀餘論》有揚敦銘文，首句"隹王九月既䘵生霸庚寅"，孫氏認為將"䘵"釋作"相"於文義不合，認為應釋為"眚"，與"省"通。孫氏云：

> 舊釋為"既生霸"於義不誤，然"生"字作"䘵"則與它器絕異，吳亦不著其說。考此字金文常見，宋以來考釋家並定為"相"字，然"相"與"生"聲義並遠，此叚彼為"生"於六書之例難通。竊謂此非"相"字，乃"眚"字也。《說文》目部："眚，從目生聲。"是"眚"本從"生"得聲，故得相通借。此下從橫目形，上從"屮"者即"生"之省，猶"靜"從青聲，金文或作"峕"，或作"肯"，並從生省一畫也。金文更有作"䘵"者，又省"屮"為"屮"，蓋亦一字。又古字"眚"與"省"通，凡金文云"眚"者，義多為"省"之叚借，竊疑其作"䘵"者，或即"省"之異文，二字聲義本相近，固可互通也，今略就此略考之。如南宮鼎，"王令中先䘵南或"，謂先省視南國也。宗周鐘，"王肇遹䘵文武堇疆土"，謂王巡省文武之疆土也。以上二文與《易·復象辭》"后不省方"及《詩·大雅》"常武省此徐土"義並合，此並巡行省視之義。禺攸從鼎，"王令䘵"，謂王令省查其事也。惟相作父丁觚之"䘵"，散氏盤之右"䘵"，智鼎之

---

① 吳大澂：《愙軒所見所藏吉金錄》，光緒十一年自刻本，第10—12頁。
② 吳東發：《商周文拾遺》卷中，中國書店1924年石印本，第8頁。

曰"✸"，皆似為人名則無義可說，然其為眚字則固炳然無疑也。其作"✸"者，如卿鼎，"公違✸自東"，謂省視東土也。鯰彝，"王✸夔京"，謂王巡省夔地也。庚午父乙鼎，"王令□□辰✸北"，謂省北土也，與南宮鼎"✸南或"，卿鼎"省東"同。虔鼎，"虔肇從遣征，攻單無商，✸于乃身"，謂有功而善於其身也。此與《禮記·大傳》"大夫、士有大事省於其君"，《大戴禮記·朝事篇》"凡諸侯之適子省于天子"義並同。季娟鼎，"令小臣夌先✸楚居"，謂省視楚居也，義亦與南宮鼎同。大豐敦，"王作✸不緣"，此似亦訓為"善作省"，猶言作德也。盂鼎，"我其遹✸先王受民受疆土"，此亦謂王巡省文武之人民疆土也，與宗周鐘文義並同。凡此諸文釋為"眚"，或為"省"，則義咸符協，若如舊釋為"相"，則於宗周鐘、虔鼎、盂鼎諸器文義並齟齬不合，而於此銘之"既相霸"則尤不可通，足證其非矣。①

孫氏關於眚字的論證可謂有理有據，宋代以來的錯誤得到糾正，此說成為定論。方濬益《綴遺齋彝器考釋》收錄杞伯敏父登，本為壺，方氏考釋云："為登之象形，中從✦，與篆文從肉同意，應是登之異文。"② 因為方氏誤將此器自名"✦"（壺）誤釋為"登"，器名也隨之錯誤。再如，金文"氒"（厥）作"ʔ"，乃作"ʒ"，二者形體相似，宋代以來一直被認為是同字的異體，且皆釋為乃。吳大澂《說文古籀補》乃字頭下誤收了盂鼎中的"ʔ"、嗣土敦中的"ʔ"、邾公鐘中的"ʔ"等三個形體，吳氏注云：

  六國時文字之變體也，江聲古文《尚書》從《汗簡》改"厥"為"氒"，許氏說，"氒"讀若"厥"，疑壁經乃字本作

---

① 孫詒讓：《古籀餘論》，1929 年哈佛燕京學社石印容庚校本，第 28—30 頁。
② 方濬益：《綴遺齋彝器考釋》卷二十五，商務印書館 1935 年石印本，第 7 頁。

"෭",漢人讀為"厥",遂改作"厥",今彝器無"厥"字。①

《說文·氏部》有乓字,邾公鐘銘文中也有乓字,如果仔細比較是可以區分開來的,但吳氏受到二字形似的影響而將二者釋為同一字。又如,《恆軒所見所藏吉金錄》所收盂鼎銘文中"⿱穴用"應通"稟",訓"稟承",吳氏釋為"憲";"⿰虎戈"應為"雖"而釋為"奮","⿰耳冏"應為"聞"之初文而釋為"戩"②,"⿰弓又"字至今尚未確識,吳氏釋為"克"③。吳氏釋"屯"為"常",在《說文古籀補》裳字頭下收屯字,認為"⿱屮㔾""⿱屮巳""⿱屮㔾"都是"裳"字的古體,从中从屯省,"中"則為障體的標示。④ 阮元《積古齋鐘鼎彝器款識》邢叔鐘將"邢人安"釋作"邢叔母"⑤。以上都是因為形近而發生混淆的例子。

另外,劉心源《古文審》收錄小子䍙鼎銘文有"王賞貝,在十"。劉氏釋為"王商(賞)貝十朋(倗)師"⑥。其中,"在十"的考釋錯誤。劉氏將"十"(才)誤釋為數目字"十"。大概劉氏覺得"十"的字形與金文"⿰貝貝"(朋)的字形稍微類似,或者認為是"⿰貝貝"(朋)的倒書,劉氏在古籍中找到了類似的辭例,如《書》云:"武王悅箕子之對,賜十朋也。"於是便誤釋"十"為"朋"(倗)字。"⿰帀帀"與金文"⿰帀帀"(師)的字形類似,所以劉氏誤釋"⿰帀帀"為"師"。

---

① 吳大澂:《說文古籀補》第五卷,中華書局1988年版,第3頁。
② 此字在整個清代都沒有正確釋出,徐同柏隸為"戩",釋為"截",吳式芬、吳大澂、劉心源從之;方濬益認為是"昏"之古文,同"愍",王國維從之;孫詒讓認為應為古文"昏"。直至1925年容庚《金文編》問世,容庚在"聞"字條下收錄此字,這個問題才得以最終解決。參見裴大泉《"聞"字考釋的由來》,《古文字與漢語史論集》,中山大學出版社2002年版,第284頁。
③ 吳大澂:《恆軒所見所藏吉金錄》,光緒十一年自刻本,第10—12頁。
④ 吳大澂:《說文古籀補》第七卷,中華書局1988年版,第11頁。
⑤ 阮元:《積古齋鐘鼎彝器款識》卷三,嘉慶九年自刻本,第7頁。導致這一錯誤的原因還有摹銘的錯誤,摹本作"⿰女卜",與"母"字形相合。
⑥ 劉心源:《古文審》,光緒十七年(1891)自寫刻本,卷二,第13頁。吳榮光:《筠清館金文》,道光二十二年(1842)自刻本作小子射鼎。

阮元《積古齋鐘鼎彝器款識》收錄鹿鐘，鐘的左欒有一🦌，其實🦌是鳥形花紋，阮氏錯將其當成了"鹿"字，而且引經據典詳加考釋。① 這是因形近而造成考釋錯誤的一個特殊實例。總之，研究古文字的過程中熟悉字形的演變和進行字形比對是相當重要的，此外考古新發現也能為文字考釋提供更多參證的材料，比如"🔣"，以往學者均釋為"尨"，魏三體石經發現後定為"蔡"，這是在新材料基礎上的有突破性的發現。

　　其二，囿於《說文解字》。清代學者能夠以客觀、理性的態度看待《說文》，他們已經不再將《說文》奉為圭臬。不僅如此，他們還能充分運用各種古文字材料來補充並校正《說文》的錯誤。但是，《說文》畢竟是研究古文字最重要的參考依據，加之千年來形成的習慣和思維定勢，所以經常看到清代學者因為囿於《說文》而導致考釋失誤實例。

　　吳大澂《說文古籀補》釋朋為鳳，云："朋，古鳳字通用。"② 很顯然，吳氏依據《說文》做了這樣的解釋，《說文·鳥部》："🔣，古文鳳，象形。鳳飛群鳥從以萬數，故以為朋黨字。"因為古文鳳與朋之隸體形近，古音又相同，所以許慎以為假鳳為朋。《說文》沒有"朋"字。《廣韻》於"朋"字下云："朋，朋黨也。五貝曰朋。《書》云：'武王悅箕子之對，賜十朋也。'"甲骨文朋字作"𠀤"、"𠀤"等形，與金文大致相同。象繫貝之形，金文"朋"常與數目字構成合文，如𠀤（二朋）、𠀤（五朋）、𠀤（十朋）、𠀤（廿朋）、𠀤（卅朋）、𠀤（五十朋）、𠀤（百朋）。金文朋黨、朋友之朋從人朋聲，作"倗"，寫作"🔣"（趞曹鼎）、🔣（㺇壺）、🔣（王孫鐘）等諸形。《說文》把鳳的古文形體"🔣"當成朋黨之朋，並解釋為"鳳飛，群

---

① 阮元考釋云："鹿字從王氏釋麀。鹿得食呼其同類，故《詩·雅》有取焉。此鐘以鹿為銘，殆燕饗所用之器歟。吳侃叔云：'古鹿字通彔'，彔即俸祿也，有田祿者始作彝器，考《書·大傳》，大麓之麓訓為祿，麓或作簏，見《周禮釋文》知二字古可通。見《積古齋鐘鼎彝器款識》嘉慶九年（1804）自刻本，卷一，第2頁。

② 吳大澂：《說文古籀補》第四卷，中華書局1988年版，第3頁。

鳥從以萬數"是不確的。金文倗與鳳之古文"㲃"形近，因為許慎沒見過金文之"倗"字，所以將二者混而為一。① 其實，關於"朋"、"倗"和"鳳"的關係問題早在晚清就已經被孫詒讓發現，孫詒讓云："竊疑古自有"𦒱""𩁪"兩字，與鳳古文並不相同。"② 現在一般認為"㲃"本為"倗"，借㲃（倗）為鳳。

由此可知，吳氏受到《說文》的影響而解釋錯誤。總之，考釋金文，必須以《說文》為主，但絕不能囿於《說文》。需要熟悉小篆的構形系統，同時更需要熟悉金文的構形系統，以便對金文進行偏旁分析。③

其三，因古文字考釋水平不高和推勘法的濫用而產生的望文生訓。在沒有充分考慮文字構型的情況下，以文義為依據進行考證會出現的錯誤便是望文生訓。上文講到的方濬益認為"𩁀"是"昏"之古文就是一例，同方氏認為此句"言愍殷之隊命也"就是依據文例所得的結論。阮元《積古齋鐘鼎彝器款識》所收錄的周公華鐘中作器者名的頭一字"𩁀"，莊述祖釋爲"邿"不誤，而阮氏考釋云：

> 左氏傳有周公黑肩、周公忌，父宰周公孔、周公閱、周公楚為王卿士，杜氏注："周寀地扶風"。雍縣有周城，《史記·魯世家索引》曰："周公次子留相王室，世為周公。"又《路史》云："王平子秀封在汝川者為周。"此周公華不見史、傳，要亦王畿內食寀為卿士者，此周字，程易疇所定為古篆文，莊進士（述祖）釋為邿公。五等之爵於其國皆稱公，似也，然按其字形不如釋周字為長。④

---

① 陳初生：《金文常用字典》，陝西人民出版社2004年版，第662頁。
② 孫詒讓：《名原·自敘》，清光緒玉海樓石印本，第12頁。
③ 趙誠：《晚清的金文研究》，《第二屆國際清代學術研討會論文集》，高雄，1999年，第829頁。
④ 阮元：《積古齋鐘鼎彝器款識》卷三，嘉慶九年（1804）自刻本，第19頁。

假如釋爲邿，則邿悼公正好名華，關於他的記載屢見於《春秋》。阮元認爲"按其字形不如釋周字爲長"，可是其字形與"周"也有很大差別。《筠清館金文》收錄七月爵，銘文中有"者娟"二字，本是作器者名，卻錯誤的釋作"七月爲"三字，並將"娟"中的"司"旁與"𦥑"合在一起，對"𦥑"的左耳旁則視而不見，最後隸定爲"𩒺"。然後引龔定盦的考釋云：

> 七假桼爲之。月象哉生明之形，此以紀月包日矣。爲象母猴形，而省篆文爲之半。尊从司（因誤將"娟"中的"司"旁與"𦥑"中的"尊"旁合爲一字），司者，治也。古文有合數文而會意者，其文隨地隨時更易。假令此器作於七月望，則月字必爲圓形；作於上弦，則月字必爲"☽"形；作於下弦，則爲"☾"形。此商及西周古文之例，亦銘器之例。①

再如虢叔鐘銘文爲"皇考嚴在上，翼在下"，阮元《積古齋鐘鼎彝器款識》所釋不誤，此書改釋爲"皇考器十二，舁上下"。考釋云：

> 器十二者，祭器也。"舁上下"者，陳於廟之器。"舁"之訓爲舉也。武壯之器須以力舉之，从由以爲聲，从𠃧以爲訓。②

吳大澂《說文古籀補》"虐"字頭下收錄兩個形體爲"𠂇"、"𠂆"，解釋云："𠂇，古虐字，宗周鐘：'𠙴虐我土'"。第二形體解釋云："𠂆，卯敦：'虐我家室，用喪'。"③ 吳氏用辭例推勘的方法將二字釋爲"虐"。其實這兩個都不是"虐"字。第一個應釋爲"處"，𠭯鼎

---

① 吳榮光：《筠清館金文》卷一，道光二十二年（1842）自刻本，第19頁。
② 吳榮光：《筠清館金文》卷五，道光二十二年（1842）自刻本，第25頁。
③ 吳大澂：《說文古籀補》第五卷，中華書局1988年版，第5頁。

"處"字作"�",瘚鐘"處"字作"㞐"。容庚《金文編》在瘚鐘"處"字下注明省略"几",省略了"几"之後的字形和吳氏所收錄的第一個字形一致。① 第二個字應為"取",《金文編》於取字頭下收錄此字。② 其形體與取尊中"㕚",揚簋中"㕚"一致。吳氏的錯誤就是因為依據文義而忽略了字形分析。唐蘭云:

> 推勘法只能使我們知道文字的一部份讀音和意義,要完全認識一個文字,總還要別種方法的輔助。③

劉心源《古文審》伯晨鼎,將"彤弓彤矢"釋爲"卩三矢二",解釋云:"言所錫之虢旅有五,每旅用卩三用矢二也。"④ 再如宜生卣銘文曰"宜生商㷌","商"讀為"賞",二者為古今字,"㷌"為作器者名。釋爲"宜生商饗",解釋云:"'商饗'即'上饗',今人祭章例用'尚饗'二字,此卣其權輿乎。"⑤ 劉氏對字例與文例皆有誤。其實,劉氏其後撰《奇觚室吉金文述》,於珥鼎下指出:"商用為賞,古刻通例",又列舉金文中若干"商"、"賞"通用的例子以佐證。可見,他對自己以前的錯誤說法是有所認識的。⑥

其四、對圖形文字認識模糊。宋代和清代對此類圖形普遍缺乏正確的認識,如《西清》所著商父乙鼎四中有㽞,考釋云:

> 亞形,舊說為廟室,蓋廟中有太室,則應有亞室也。格上矢,意昭攻伐。《博古圖》暨薛尚功《鐘鼎款識》謂銘軍賜,如《書》稱"彤矢百"、"盧矢百"之類,其說良是。又有云:"先

---

① 容庚:《金文編》,中華書局 1985 年版,第 922 頁。
② 容庚:《金文編》,中華書局 1985 年版,第 191 頁。
③ 唐蘭:《古文字學導論》,齊魯書社 1981 年版,第 172 頁。
④ 劉心源:《古文審》卷一,光緒十七年(1891)自寫刻本,第 11—12 頁。
⑤ 劉心源:《古文審》卷四,光緒十七年(1891)自寫刻本,第 15 頁。
⑥ 劉心源:《奇觚室吉金文述》卷一,光緒二十八年(1902)石印本,第 27 頁。

人所嗜好，著鼎以示不忘"者，亦可通。①

清代金文學者對所謂"圖形文字"的認知普遍模糊，郭沫若云：

> 準諸一般社會發展之公例，即我國自來器物款識之性質，凡圖形之作鳥獸蟲魚之形者必係原始民族之圖騰或其孑遺，其非鳥獸蟲魚之形者乃圖騰之轉變，蓋已有相當進展之文化，而已脫去原始畛域者之族徽也。②

吳大澂《恆軒所見所藏吉金錄》中收錄的貝十朋子父乙觶③中有銘文"🦅"，容庚認為可能是"畾天"二字，極有可能是族氏銘文，④吳氏將其釋為"貝十朋子"。劉心源《古文審》中公史彝，銘文有"🦅"，劉氏描述為"人拱物形"，"子孫寶之"四字。⑤再如，劉心源《古文審》中居彝，⑥銘文有"🦅"字，劉氏考釋為"戠在孚"三字。⑦再有方濬益《綴遺齋彝器考釋》中對圖形文字的解釋，也多穿鑿附會之說。邕王鬲釋"吕"為"邕"，指出以往釋"吕"為"吕"是錯誤的，應釋為"邕"，吳氏還援引《說文》中"邕，四方有水自邕城池者，从川从邑，籀文作🦅"為依據。⑧其實此字的確為"吕"，以往的考釋無誤。宋代以來對"圖形文字"皆望文生訓，清代在這方面也未見突破性進展。

---

① 《西清古鑒》卷一，乾隆二十年內府刻本，之五。
② 郭沫若：《殷周青銅器銘文研究》，人民出版社1958年版，第128頁。
③ 吳大澂：《恆軒所見所藏吉金錄》下冊，光緒十一年自刻本，第83頁。《殷周金文集成》，題名為大父乙觶，中華書局2007年版，第6217號器。
④ 容庚：《金文編》，中華書局1985年版，第3—4、382頁。
⑤ 劉心源：《古文審》卷五，光緒十七年（1891）自寫刻本，第11頁。
⑥ 劉心源：《古文審》卷五，光緒十七年（1891）自寫刻本，第7頁。吳榮光：《筠清館金文》，道光二十二年（1842）自刻本作居後彝。
⑦ 容庚：《清代吉金書籍述評》（下），《學術研究》1962年第3期。
⑧ 方濬益：《綴遺齋彝器考釋》卷二十七，商務印書館1935年石印本，第12頁。

第四章　分類定名研究與斷代研究

第一節　清代的銅器分類定名研究

　　銅器分類與定名是宋代金文學研究的重要貢獻之一。宋代以前人們對青銅器名稱的瞭解，主要是通過典籍的記載，至於典籍上記載的名稱所指何物，並沒有和實體相對應。在給發現的器物定名時，由於沒有更多的出土材料可以參考，所以大多主觀臆斷，沒有可靠的根據。換個角度講，在出土資料相對缺乏的條件下給銅器定名實在有些困難，所以我們不能責求古人。到了宋代，由於出土青銅器數量的增加和研究水平的提高，學者們開始有意識地對銅器的分類和定名問題進行專門的研究。他們根據銅器的形狀、功能和銘文內容，大體上為其確定了類別和名稱。現在我們使用的名稱基本上都是宋代人確定下來的。宋人進行分類定名研究依據的原則有兩個，一是銘文中的器物自名，二是文獻的記載。宋人根據銘文中的自名為該器物和與其同形制器物確定的名稱有：鼎、鬲、甗、盨、簋、敦、簠、豆、鋪、壺、盤、匜、杅（盂）、鐘、磬、戈等。利用文獻記載確定的名稱有：尊、罍、彝、卣、瓶、爵、斝、觚、觶、角、觥、斗、盒、瓿、鉦、鐸、鐃、帶鉤、削等。給青銅器劃分類別的目的，主要是為了區別其性質和作用，有利於對其進行綜合研究。而正確認知器形和用途的一致性，是銅器分類工作的基礎。此種銅器分類以用途為標準，然後再按照器形的不同劃分出更加具體的類別。古器物的名稱雖為宋人所定，但其中也有不盡妥當之處。最典型的問題有兩個，一是總名與專名不分，二是對彝、簋、盨、敦等類別和名稱的認識混亂。清代學者對宋人的分類進行了若干修正和補充，其中第一個問題晚清學者將其厘清，第二個問題清代學也者沒有完全解決。

其一，總名與專名不分。"尊"、"彝"是青銅器的統稱，銘文上或稱彝，或稱尊，或稱尊彝，宋人將彝錯當成某一類銅器的專名，於是在彝的下面不再依照具體用途分類。王國維具體論證了銅器之中所謂共名和專名，並指出宋人在銅器分類上的錯誤，王氏云：

> 尊、彝皆禮器之總名也，古人作器，皆云"作寶尊彝"，或云作"寶尊"，或云作"寶彝"。然尊有大共名之尊（禮器全部），有小共名之尊（壺、卣、罍等總稱），又有專名之尊（盛酒器之侈口者），彝則為共名而非專名。呂與叔《考古圖》雖列彝目，其中諸器，有無足方鼎、有甗、有尊、有卣，有《博古圖》以降所謂彝，則呂氏亦未嘗以彝為一專名也。《博古圖》始以似敦而小者為彝，謂為古代盛明水及鬱鬯之器，即以《周禮·司尊彝》之六彝當之，嗣後金文家及圖錄家均從其說。①

這個錯誤一直到晚清才得以糾正。王國維之前，陳介祺和潘祖蔭對此問題也有所認識，陳介祺曾與吳雲書強調："古無彝，尊彝，器之重而常者之通名也。"② 所以他的《簠齋藏器目》中沒有單列出"彝"這一類。另外，潘祖蔭與方濬益書云：

> 舊錄自《考古圖》至《西清古鑑》《積古》《筠清》，皆於尊、敦之外別立彝一目。姪以為彝者器之總名，但有尊、敦而無

---

① 王國維：《說彝》，《觀堂集林》卷三，中華書局1994年版，第153—154頁。
② 陳介祺：《簠齋尺牘》，清嘉慶十九年（1814）揚州局刊本。

彞，逕删之也。以為如何？①

對陳介祺、潘祖蔭等人的作法，王國維總結云：

  陳氏《簠齋藏器目》有敦無彞，其所藏陳侯彞，著錄家名之為彞，而陳目作敦。吳縣潘文勤《攀古樓彞器款識》中有伯矩彞等四器，然其家拓本流傳者亦有敦無彞，伯矩彞四器，拓本上皆有敦字朱記。蓋簠齋晚年已確知彞之為敦，故毅然去彞目，文勤聞其說而從之。然陳、潘皆無說，故特記之，以正《博古圖》以來千載之誤耳。②

馬衡對王國維的看法持贊成態度，馬氏云：

  又有來自圖錄家所稱為彞者，考其形制，亦皆為敦。自《博古圖》以敦之小者列入此類，俊世相承，遂有彞之一目。此事自陳介祺潘祖陰諸人辨之，而王靜安始著其說於《古禮器略說》。③

方濬益著《綴遺齋彞器款識法帖》，在自序中說明書名的來由云："鐘鼎自在彞器之中……故兹編但題為彞器款識云。"看得出來，方氏此言是針對薛尚功《歷代鐘鼎彞器款識法帖》的題法的，方氏認為彞器是總稱，不能與專名並列。從邏輯學上講彞、尊彞是鐘、鼎的上位概念，上位概念與下位概念是不能並列的。可見，這個問題到方氏這裏已經弄清楚了。於是方氏在《綴遺齋彞器考釋》删除彞類，而將其歸入敦類，大概是聽取了潘氏的建議，他在《綴遺齋彞器考

---

  ① 潘祖蔭：《潘文勤金石手札鈔》，《考古》1936年第1期。
  ② 王國維：《說彞》卷三，《觀堂集林》，中華書局1994年版，第154—155頁。
  ③ 馬衡：《中國金石學概要》，《金文文獻集成》第三十七冊，第10頁，香港明石文化國際出版有限公司2004年版。

釋》原編目錄後記中云：

> 自《考古圖》以後，皆有彝一類，余則刪之，以入敦類，蓋彝為器之總名也。①

方濬益在此書的正文裡也貫徹了這一原則，如成王鼎銘文中有"成王尊"三字，方氏強調說：

> 鼎而曰尊者，古器多以尊彝為通稱。康侯鼎曰"作寶尊"，蕭鼎曰"作宗室寶尊"，皆同此例。②

方濬益《綴遺齋彝器考釋》卷首有《彝器說》三篇。其中，上篇《考器》專門考述器形，此篇對分類問題進行了比較全面的闡述，方氏云：

> 有宋以來，好事者始裒集款識，勒為專書，豈不以先哲遺文所係，而《宣和博古》、呂氏《考古》二圖，尤必詳繪其形模尺寸，以存三代之制。蓋古人制器尚象，一名一物，具有精意，如鼎、尊、壺、卣、敦、匜、甗、鬲、戈、戌之屬，其文皆各象其器之形，故余嘗謂上古時皆先有此器，後有此文，而班孟堅敘次六書，以象形為首，其識為獨優也。故不見犧尊之制，則不知鄭康成答張逸鳳皇之誤。不見瑚槤之制，則不知《論語》包咸注之謬。不見簠簋方圓之制，則不知許、鄭異同得失之辨。不見鐘鎛小大之制，則不知《爾雅》棧鐘李巡訓棧為淺之善。不見方壺圓壺之制，則不知《公羊傳》何注之失。不見兕爵之制，則不知《左氏傳》穆叔子皮及曹大夫所舉與詩稱兕觥之異。不見爵旁雙

---

① 方濬益：《綴遺齋彝器考釋·後記》，商務印書館 1935 年石印本。
② 方濬益：《綴遺齋彝器考釋》卷四，商務印書館 1935 年石印本，第 1 頁。

第四章　分類定名研究與斷代研究　149

柱之制，則不知《考工記》鄉衡實盡之節。不見鍾與鈁之制，則不知《說文》方鍾之解傳鈔舛訛之故。不見饕餮夔龍金錯之制，則不知《禮記》黃目鄭注黃金為目之確。不見彝敦方臺之制，則不知《周禮》六彝有舟之義。不見彝器觚稜之制，則不知銘文尊旁加"自"為象形，而《論語》觚不觚乃古法將亡之漸。不見劍夾之制，則不知《考工記》注可推測周尺短長之處。凡此皆非考器莫能明。然則考器者，學問之事，豈玩物之云乎？且夫文字者，彝器之所由造也，彝器者，文字之所由麗也。善乎儀徵阮氏之言曰："此文之作，此器之鑄，尚在周公、孔子未生之前。"其寶貴宜如何，況古盛時朝祭燕享，所以登降酌獻，周旋揖讓，納斯民於軌物，致宇宙之太和者，其精神莫不寓於斯，所謂器以藏禮也。嗚呼盛哉！此鐘鼎之學必以考器為首也。①

方氏在文中所舉的每個例子下面又詳細加注，文章完整而又翔實。除了方濬益之外，對銅器類別和定名問題提出具體意見的是劉心源。劉氏所著《古文審》的卷首所附"發明四則"中有一則是專門探討青銅器的分類與定名問題的，劉氏云：

　　器銘有正例，有變例。正例惟一，如鼎則云"作寶鼎"，尊則云"作寶尊"之類是也。變例有二，古人有諸器一時並作而總記于一器者，或各器皆如此，而後人僅得此一器，未可知也。如大鼎云"作盂、鼎"；惡尊云"作尊、彝、卣"，公史彝云"作尊、彝、鬲"之類是也，此變例一也。又有本銘不言本器而言它器，如魯公鼎、師旦鼎、麦鼎、貉子卣、琥卣皆云"作尊、彝"；般尊、叉卣、大壺、獸爵、子鬲、子甗皆云"作彝"，遣小子敦云作䵼彝，戲伯鬲云作鼒，諸女匜云尊彝，此變之變者，亦一例

---

① 方濬益：《綴遺齋彝器考釋》，商務印書館 1935 年石印本，第 1—3 頁。

也。釋解家不能觀其通乃多枝詞，良為自擾。①

可見，雖然清代大都只注重銘文的考釋或器形的排列，對於器物本身的形態、性質、名稱等問題沒有精密的研究，但對個別問題還是有精到見解的，由此我們可以看出，清代學者於分類與定名方面的認識是超越前代的。宋代青銅器分類與定名中的總名與專名不分的問題，到了晚清終於解決了。

其二，對段、簠、盨、敦等類別和名稱的認識混亂。古代文獻裡有一種食器叫做簋，本字作"段"，是用來盛放黍、稷、稻、梁等的容器。宋代以來皆將"段"釋為"敦"，又將敦這一類中的侈口無蓋而圈足的稱為彝，而誤將"盨"稱為簠，也就沒有"盨"這個名稱。造成這一局面的原因是釋字錯誤，主要是由於對"段"和"盨"這兩個字的認識偏差造成的。宋人著錄中有自名為"𣪘"的，依據字形可以隸定為"段"，這就是古代文獻中的"簋"，此字所從的偏旁"皀"與金文中"即"（即）、"既"（既）兩個字完全相同，而即、既金文習見，並且這兩個字宋人已經識得，遺憾的是他們對"𣪘"字似乎缺乏靈感，他們覺得"𣪘"字所從的"皀"（皀）與金文中的"亯"（亯）相近，就把"皀"（皀）誤當做"亯"（亯，即享），於是把"𣪘"釋為"敦"，從而造成了這個延續了六七百年的錯誤，直到錢坫《十六長樂堂古器款識考》才釋"𣪘"為"段"，② 該問題得到了糾正。但錢氏將遲簠和立象簠（二器皆為盨，並且錢氏將"為"誤釋作"象"）中的"盨"字也釋爲"簠"，"未達一間，不為後人所信服"。③ 後來嚴可均著《全上古三代秦漢六朝文》，嚴氏從錢坫之說，將"敦"改為"簋"。韓崇作《登叔簋銘跋文》，也認為"敦"字實際上是典籍中的

---

① 劉心源：《古文審》，光緒十七年（1891）自寫刻本，第4頁。
② 錢坫：《十六長樂堂古器款識考》卷二，開明書局民國二十二年（1933）翻刻本，第6—8頁。
③ 容庚語：《清代吉金書籍述評》（上），《學術研究》1962年第2期。

"簋"字。黃紹箕所作《說"殷"》一文，從文字學和器物學的角度論證"簋"不該釋為"敦"，認為錢坫和韓崇的論證不誤。容庚著《商周彝器通考》從出土的銅器器形等方面及銘辭上考查，證明了錢、韓、黃三家之說，"殷"當是"簋"而非"敦"成為定論，此問題的解決，應該是清代學者的功勞。

"盨"字，金文作"▨""▨"。呂大臨將此字所從的"須"誤當成"殷"字所從之"皀"，遺憾的是，《說文》皿部所收盨字小篆作"▨"，與金文字形完全吻合，而宋代和清代學者又都熟悉《說文》，對此字的認識，也像是沒了靈感，直到晚清也沒發現這個問題，全把"盨"誤釋為"簋"，《攈古》所收鬲叔興父簋，其字作"▨"而釋為簋；① 《從古》所收鄭丼叔簋，其字作"▨"而釋為簋，② 此器阮元的《積遺》也收錄，也將"▨"釋為簋。錢坫《十六長樂堂古器款識考》釋"▨"為"殷"，但仍然把盨放在簋中沒分離出來，晚清吳大澂也釋"盨"為"簋"，在《說文古籀補》"簋"字下收"盨"字，云："簋，從須從皿，沐器也，簋簋不飭不潔也。"③ 直到1925年容庚著《金文編》才單立盨字字頭，在下面注明："器名，斂口而橢圓，宋以來定為簋。"問題至此已經解決，但還有一點需要注意，容庚又在簋字頭下面列出一個盨字。趙誠認為，宋人以盨為簋，雖是錯誤，卻也成了共識，如果一下子否定，不易被人接受，所以留了個尾巴，算是妥協。④ 其實原因也許沒那麼複雜，容氏之所以這樣處理，主要是考慮到工具書的實用原則，是為了查閱的方便。

雖然清代學者對《博古圖》的分類有若干修正和補充，但體系上和《博古圖》的分類還是一致的，而且這種分類逐漸定型，後人在此基礎上又作些調整和補充，一直沿用至今。考察清代學者在金文著

---

① 吳式芬：《攈古錄金文》二卷之二，西泠印社民國二年（1913）翻刻本，第20頁。
② 徐同柏：《從古堂款識學》第八卷，同文書局光緒十二年（1886）石印本，第35頁。
③ 吳大澂：《說文古籀補》第五卷，中華書局1988年版，第1頁。
④ 趙誠：《二十世紀金文研究述要》，文海出版社2003年版，第56頁。

錄中所進行的分類我們會發現，他們的分類定名沒有形成相對統一的標準，分類定名的結果也是差強人意的，例如：

1. 錢坫《十六長樂堂古器款識考》將格伯簋稱爲癸子彝，禽簋稱爲祖罕彝，立盨稱爲立象簋。

2. 曹載奎《懷米山房吉金圖》中的簋類器有的稱為彝，有的稱為敦，有的稱為簋，其標準不明。

3. 吳大澂《恆軒所見所藏吉金錄》中的叔作父辛尊形制是貫耳壺，應名爲壺；趠尊形制是無耳簋，應名爲簋。此外父辛殘盤形制是殘簋。日入大萬壺、日入八千壺應名爲鍾。

4. 端方《陶齋吉金錄》中收錄的父乙尊器形與觶相同，應稱為觶。此外端氏將匕稱爲勺，熨斗稱爲鐎斗，杯稱為匜。

5. 阮元《積古齋鐘鼎彝器款識》中的伯躬父鼎應為甗，尤盂應為盤，王長子鐘乃鍾鈁之鍾而非鐘磬之鐘。柬彝應為豆、祖己彝、雙爵母戊彝應為瓿，燕姬彝應為匜，㠱伯彝、寓彝、繼彝應為卣，自彝、向彝、父丁彝應為鼎。《筠清》也有類似錯誤。

6. 朱善旂《敬吾心室彝器款識》將寧女父丁鼎當成盤。

7. 《商周彝器釋名》在彝之外還有鼏彝，有鬲；盤之外還有鬵，有享盤，共名與專名不分，甚為混亂。

8. 吳式芬《攈古錄金文》母父丁尊誤為鼎，叔尊誤為彝，亞形父癸罍誤為卣。

9. 吳大澂《愙齋集古錄》鄉敦應為卣，師田父尊應為敦，齊侯壺應為罍。①

造成這些錯誤的直接原因，首先是清代學者延續了宋代分類定名中的兩個錯誤，就是上文提到的共名與專名認識錯誤和殷、簋、盨、敦等名稱的混亂。其次是在缺乏統一標準情況下的個人認識原因。比如吳大澂《愙齋集古錄》中收錄二件銅器，分別題為齊侯罍、齊侯

---

① 以上列舉器名錯誤出自容庚《清代吉金書籍述評》，《學術研究》1962 年第 2、3 期。

中罍。但是在另一個拓本中，則以為齊侯罍是壺而不是罍，讓人覺得有些隨意。此二器方濬益《綴遺齋彝器考釋》也收錄，分別題為齊侯罍壺與齊侯女罍壺。二人題名不同，對銅器類別的認識也不同。方氏在齊侯壺下考釋云："此器自文達以來，皆名為齊侯罍。今以器之形制考之，寔圜壺非罍也。"① 再次是有些文字類著錄的作者只是見到摹本或拓片，沒有見到原器，有些銅器在作者所處的年代已經亡佚，在無法見到原器甚至見不到拓本的情況下，判斷類別是不太可能的，所以難免主觀臆測或以訛傳訛，此外釋字錯誤也是一個重要原因。關於清代人在器物學方面的研究，諸如分類定名等問題，朱鳳瀚云：

> 清人青銅器著作在器物定名方面有所創見，在器物銘文、文字考釋上成績尤大，清代出現一些著名的金石學家、古文字學家，如上舉方濬益、吳大澂、孫詒讓等，其有關著述今天仍多有參考價值。雖然如此，清人研究青銅器所運用方法從總體上看，基本上仍是宋以來金石學的舊法，在器物的分類、定名上雖有其新意，但沒有多大變革，科學的器型學仍沒有建立起來。研究者或注意銘文而忽視器形，或注重器形而不顧及銘文，尤其是出土地點、共出器物一般不被重視。在考釋銘文時亦多有穿鑿附會之處。②

總之，清代人在此問題上有些許創見，但沒有具體研究。究其原因，一是該問題本身研究空間有限，二是清代學者有注重文字，輕視語言學和器物學研究的整體風尚，三是所據材料尚不夠豐富。但是，清代學者對以往研究成果的修正與補充，也可以說完成了階段性任務。

---

① 方濬益：《綴遺齋彝器考釋》卷十三，商務印書館1935年石印本，第22頁。
② 朱鳳瀚：《古代中國青銅器》，南開大學出版社1995年版，第32頁。

第二節　清代的銅器斷代研究

一　清代銅器斷代研究的特點

以今天的眼光看，研究銅器銘文等出土文獻的最大意義是通過文字記載認識歷史，考訂典籍，並且探尋文字的發展演變。所以材料的年代問題就格外重要，銅器年代的考訂就成了研究金文學的首要步驟，郭沫若云：

> 時代性沒有分劃清白，銅器本身的進展無從探索，更進一步的作為史料的利用尤其是不可能。就這樣，器物愈多便愈感覺著渾沌，而除作為古玩之外，無益於歷史科學的研討，也愈感覺著可惜。①

對銅器年代的考訂和分期在金文學研究中的重要作用，學者們都有一致的認識。吳其昌在他所著《金文厤朔疏證》一書的序論中指出：

> 彝器文字，既為宗周一代文獻史實之首矣，則當先考定其時。其時不定，或以為文王，或以為幽王，則有器與無其器等也。②

清代以前的金文研究主要是款識的考釋，著重於文字的識別和探求銘文語言的意義，同時兼顧器形、器類和器名，研究範圍相對狹小。關於器物年代雖然也有論及，但目的不太明確，方法也不夠科學。到了清代，隨著出土銅器數量的增加，金文學整體研究水平的提

---

① 郭沫若：《青銅時代》，人民出版社 1954 年版，第 301 頁。
② 吳其昌：《金文厤朔疏證》，上海商務印書館 1936 年版，第 2—3 頁。

高，再加上研究銅器"正經補史"目的的明確，人們逐漸有了考訂銅器年代的意識。把銅器銘文看作研究歷史、典籍和文字學的材料，其研究也就脫離了玩物鑑賞的範疇而進入客觀科學的研究狀態。但是，與文字方面的成就相比，清代學者在銅器年代考訂與分期方面的研究要遜色許多。

清代的銅器年代考訂成果，主要反映在各家的著錄之中，綜合考察涉及清代學者斷代研究的相關資料，不難發現以下幾個特點：

其一，態度過於審慎，主觀上有刻意迴避的傾向。清代學者對學問普遍謹慎，至於出現的一些過失和錯誤，往往是因為水平所限，例如龔自珍在《筠清館金文》中所作的考釋。這種謹慎的態度是可取的，他們寧可不談，也不願貽笑後人，但也會因噎廢食，迴避問題。如方濬益著《綴遺齋彝器考釋》，為了不出現斷代錯誤，便合併商周為一，僅署三代器。① 方氏云：

> 丙戌夏，晤潘伯寅尚書云，欲并商周為一，但署曰三代器。尚書亟稱之，謂必如此，方正宋以來穿鑿附會之陋，故目錄仍須重訂云。②

方濬益《綴遺齋彝器考釋》的體例承襲阮元《積古齋鐘鼎彝器款識》，而阮氏之書更是依照薛尚功《歷代鐘鼎彝器款識法帖》的體例。但方氏將他們的銅器分期法加以修改，將商周器統稱為三代器。以現在銅器斷代的研究結果來看，方氏的分類是有明顯過於籠統，但潘祖蔭認為此種分期法是可取的，可以糾正宋以來穿鑿傅會的毛病。容庚認為，方氏編纂體例較亂的原因，是因銅器斷代不正確而導致

---

① 方氏云："阮氏體例沿薛氏之舊，自商以迄晉，各以類為次第。今略變之，曰三代器，曰秦器，曰兩漢器，魏晉不與焉。"見方濬益《綴遺齋彝器考釋》，商務印書館 1935 年石印本《原編目錄後記》，第 1 頁。
② 此依據商務印書館民國二十四年（1935）石印本，第 2—3 頁。

的，容庚云：

> 他想合并商、周為一類，得到潘祖蔭的贊同，謂"可正宋以來穿鑿傅會之陋。"斷限確是一件難事，但商、周器是大多數可以分得清楚的。比如印本鼎類分第三、第四、第五三卷，應當第五在上，第三在中，第四在下。現在的排列，就顯得很亂。草稿敦類先後排列也很零亂，蓋由于商、周不分，又不按字數排列的原故。①

同治十一年（1872）潘祖蔭《攀古樓彝器款識》刊出以後，晚清的銅器著錄更不分商周，關於商周器的鑑別和年代的考訂，除古法外，更無創立條例。其實，在清代除了潘氏之外，劉喜海《清愛堂家藏鐘鼎彝器款識法帖》、吳大澂《恆軒所見所藏吉金錄》、吳式芬《攈古錄金文》等書都不分商周。②

其二，時代劃分過於籠統，而且錯誤很多。清代金文著錄有一部份是署明時代的，一般作法就是在器名前冠以商（殷）、周、漢等字樣，而且鮮見談及劃分標準和依據。清代將銅器年代皆定在殷周以下。周朝經歷八百多年，相當於我們距離南宋末年的西夏、大理並立時代的時間長度，這八百年間器形甚至文字都會有很大變化，用這樣籠統的標準分出來的時代即便是正確的也沒有太大意義。儘管如此，斷代還出現很多錯誤，比如"西清四鑒"將很多殷器誤斷作周，將周器斷為殷代的也不少，有銘銅器斷代錯誤的約佔一半以上。③ 再如阮元《積古齋鐘鼎彝器款識》，雖然編寫初衷是續薛尚功《歷代鐘鼎彝器款識法帖》，但薛氏用的是的夏、商、周、秦、漢五代的分法，

---

① 容庚：《清代吉金書籍述評》（下），《學術研究》1962年第3期。
② 容庚、張維持：《殷周青銅器通論》，文物出版社1984年版，第12頁。
③ 曾憲通：《清代金文研究概述》，見《第一屆國際暨第三屆全國清代學術研討會論文集》，高雄，1993年。

而阮氏則僅分商、周、秦、漢四代及一部分漢以後器，其中"商、周之分，漫無標準"，① 把董武鐘斷爲商代，把木鼎斷爲周代，把周器龍虎銅節斷爲漢等等，不勝枚舉。《西清》批評《博古》在斷代問題上不夠嚴謹，"其分商、周也，斷斷於一二字以爲斷"，卻不知自己於商周劃分上問題更多。

其三，有明顯的主觀傾向，缺乏嚴密的標準。漢民族的思維特點有明顯的重經驗，輕理論的色彩，而且，古代學者之於學問，多半帶有藝術追求的特徵，很多情況下，認識事物依靠的不是實證而是經驗，就是所謂"沒有依據的依據，不講方法的方法"。在青銅器年代考訂上，清代學者這種憑經驗，靠直觀感覺的情況不勝枚舉，比如，陳經所著《求古精舍金石圖》著錄一器父己卣，考證云：

> 其文刻畫精工，渾樸古厚，生朱活翠眩人心目，殷商彝器夫又奚疑？②

再如馮雲鵬、馮雲鵷所著《金石索》著錄一器雙冊父乙卣，考證云："制甚古質，寔屬商器。"③ 完全是憑感覺得出的結論。另外，有些年代考訂是在釋字錯誤的基礎上進行的，其準確性就可想而知了，比如《西清》收錄魯鼎一，亞形中有一"覷"，金文中習見。此器乃屬商器，考釋云：

> 此曰尊而外為亞形，知祭器無疑矣。格上三矢，按伯禽征淮夷、徐戎，僖公戎狄是膺，荊舒是懲；或二公之時，紀績以藏於廟歟。④

---

① 容庚：《清代吉金書籍述評》（下），《學術研究》1962 年第 3 期。
② 陳經：《求古精舍金石圖》卷一之二，清嘉慶十八年（1813）說劍樓木刻本。
③ 馮雲鵬、馮雲鵷：《金石索》，道光七年（1827）木刻本，《金索》，第 5 頁。
④ 此據乾隆二十年（1755）內府刻本，卷二，第 10 頁。

由"馘"聯想到格上三矢，再聯想到伯禽征淮夷、徐戎，並據此定該鼎為周器，未免南轅北轍。又如吳大澂《愙齋集古錄》著錄一器愙鼎，此器銘文首字"λ"，吳氏考釋云：

> "λ"疑"启"之古文，启合三字相對，許氏說"∧三合也"，合从∧、口，此从∧，象启口形，若器之有蓋，合則口在下，启則口在上，或古文有作"ϵ"者，後人變从戶，非本从戶也。……微子名启，疑為微子之器。①

楊樹達《積微居金文說》有《眉鼎跋》，楊氏承認吳氏的時代考訂，但反對釋"λ"為"启"，他認為"λ"可能為"兄"，讀為"貺"，訓為"賜"，楊氏依據的是師眉之眉與微子之微的通假關係。②後馬承源《商周青銅器銘文選》收入此器，從楊氏之說釋"λ"為"兄"，讀為"貺"，訓為賞賜。③ 現在此器定為西周中期，從鼎的形制上看，其時代應屬穆王前後，吳氏考定為微子入周後所作是錯的。④吳氏利用銘文記載的人物推導作器年代的方法是應該肯定的，但由於釋字錯誤，其結論當然就不可靠了。

以上是清代人在銅器斷代問題上表現出的總體傾向，但是，我們也不能因此否定清代學者在這一問題上的成就，我們將目光移向晚清，也能從個別學者的著作中發現他們力求用科學方法進行年代考訂的論述，雖然他們的研究結果今天看來未必可靠，可他們使用的方法仍有借鑒意義。

---

① 吳大澂：《愙齋集古錄》第四冊，商務印書館民國七年（1918）石印本，第21頁。
② 楊樹達：《積微居金文說》卷三，中華書局1997年版，第61頁。
③ 馬承源：《商周青銅器銘文選》（三）第326號，文物出版社1986年版，第236頁。
④ 裘錫圭：《金石收藏家的齋名與其藏品》，《裘錫圭學術文化隨筆》，中國青年出版社1999年版，第363頁。

二 清代銅器斷代的方法

（一）曆日推定法

中國歷史有確切紀年是從西周的共和元年（前841）開始的，以前的具體年月無從知曉，只能通過逆行推算作大致判斷。這種方法最初依據的是漢武帝太初元年（前104）鄧平制定的"太初曆"，西漢末年，又加以劉歆所考察的超辰紀年法形成"三統曆"。出土的周器一般字數稍微多一點的，都記載曆日，即年、月、月相和表日的干支，這就為用曆法推定鑄器年代提供了線索。例如，虢季子白盤銘文有"隹十又二年正月初吉丁亥，虢季子白作寶盤"。方濬益考訂應是宣王時器，方氏在《綴遺齋彝器考釋》中云：

> 前此諸家釋文，惟平定張石州（穆）依羅次球以四分周術推算，周世惟宣王十二年周正建子月乙酉朔丁亥為月之三日，所考最為精確。①

方氏根據古代曆法推算出此器為宣王時鑄造。馬承源根據銘文中的"隹十又二年正月初吉丁亥"推定即公元前八一六年正月戊子朔，② 所以此盤為西周宣王時器，記載事件也與《左傳·僖公二十八年》所述宣王"獻俘、授馘、飲至、大賞"之事相吻合。③ 李學勤也認為此盤當為宣王時器，季子白就是《國語·周語上》的虢文公。④

用曆日推定法考訂年代過程中有三個因素難以確定：第一，周器紀年不說明該年屬於哪個王，而只是記載"唯王某年"，具體所指不明確；第二，關於月相劃分目前尚無一致的結論；第三，考訂銅器年

---

① 方濬益：《綴遺齋彝器考釋》卷七，商務印書館1935年石印本，第18頁。
② 馬承源：《商周青銅器銘文選》（三），文物出版社1986年版，第309頁。
③ 王世民等：《西周青銅器分期斷代研究》，文物出版社1999年版，第159頁。
④ 李學勤：《走出疑古時代》，遼寧大學出版社1994年版，第180頁。云："虢季子白盤為宣王時器，清道光時出土於寶雞虢川司。"

代所據曆法不夠科學。郭沫若云：

> 彝銘中多年月日的記載，學者們又愛用後來的曆法所制定的長曆以事套合，那等于是用著另一種尺度任意地作機械的剪裁……作俑者自信甚強，門外者徒驚其浩瀚，其實那完全是徒勞之舉。周室帝王在位年代每無定說，當時所用曆法至今尚待考明，斷無理由可以隨意套合的。①

容庚也認為此法的使用有很大局限性，只能作為旁證，不能作為主要標準。原因是不清楚周初是否有曆法，如果有的話是什麼曆法，還有西周各王的在位年數以及月相等等都不甚明確，"徒以後人制作的標準作主觀的忖測，故致異說紛紜。"② 因此，用曆日推定法推斷出來的結果往往有很大分歧，只可將其作為考訂年代的參考。

（二）人物事件推定法

在正確釋讀銘文的情況下，如果能夠認定銘文記載的人物或事件，就可以根據文獻內容來推定其年代，這也是清代學者常用的斷代方法。例如方濬益《綴遺齋彝器考釋》，卷四收錄成王鼎銘文，其中有"成王尊"三字，方氏考釋云：

> 此為成王廟鼎。《左·昭公四年傳》："康王有酆宮之朝。"服虔曰："成王廟所在也。"是此鼎為康王所作矣。③

方氏跟據文獻資料考證此器應為康王時代所鑄。再如，大豐敦銘文中有"衣祀于王丕顯考文王"之語，孫詒讓在《古籀餘論》中考證云："此敦文字古樸，義難通曉，審繹辭意，似是周武王殷祀祖考

---

① 郭沫若：《青銅時代》，人民出版社1954年版，第301—302頁。
② 參看容庚、張維持《殷周青銅器通論》，文物出版社1984年版，第15頁。
③ 方濬益：《綴遺齋彝器考釋》卷四，商務印書館1935年石印本，第1頁。

時，助祭臣工所作。"① 馬承源也將此器斷定為西周武王時器。② 又如孫詒讓考釋楚公鐘銘文中"楚公逆"云：

《楚世家》：熊徇卒，子熊咢立。此"楚公逆"即熊咢也。咢、逆一聲孳生之字，古多通用，故《史記》以逆為咢。熊咢在熊渠去王號之後，熊通再僭偁王之前，此銘偁楚公，亦正符合。③

《史記·楚世家》為"熊咢"，《索隱》云："噩音鄂，亦作咢。"④ 孫氏據此證明此器為周宣王時代器，王國維、馬承源亦從此說。⑤ 又如，《綴遺齋彝器考釋》收錄旅鼎，銘文有"隹公太保來伐反夷年"一語，方氏云："太保者，召公也。"考釋云："反當讀為叛，⁊為古文夷字"，"'來伐反夷年'，與南宮中鼎'伐反虎方之年'並同例。"方氏據"大保召公伐叛夷"的歷史事實認定"太保"即是"召公"，並將此器定為康王時期，⑥ 馬承源從之。⑦ 還有一例，毛公鼎銘文有"王若曰，父𢉵，丕顯文武"，吳大澂考證云：

是鼎言文武，言先王，知為成王冊命之詞。《詩·伐木》傳"天子謂同姓諸侯，諸侯謂同姓大夫曰父"。《左氏傳》"魯衛毛聃，文之昭也"。毛公為武王之弟，故成王偁父。⑧

吳氏以人物為依據，方濬益大致持相同看法："詳繹全文，凡載

---

① 孫詒讓：《古籀餘論》卷三，哈佛燕京學社1929年石印容庚校本，第12頁。
② 馬承源：《商周青銅器銘文選》（三）23號天亡簋，文物出版社1986年版，第15頁。
③ 孫詒讓：《古籀拾遺》卷中，光緒十六年（1890）自刻本，第9頁。
④ 瀧川龜太郎：《史記會注考證》卷四十，文史哲出版社1993年版，第8頁。
⑤ 王國維：《觀堂集林》卷十八，中華書局1994年版，第890頁；馬承源《商周青銅器銘文選》（三）467號楚公逆鎛，文物出版社1986年版，第329頁。
⑥ 方濬益：《綴遺齋彝器考釋》卷四，商務印書館1935年石印本，第2—3頁。
⑦ 馬承源：《商周青銅器銘文選》（三）74號旅鼎，文物出版社1986年版，第52頁。
⑧ 吳大澂：《愙齋集古錄》第四冊，商務印書館民國七年（1918）石印本，第5頁。

王曰者五，大柢追述先王始封毛公及毛公為政事，恐懼交儆之意，反覆詳盡，溢于言辭，猶有成、康遺烈。"① 孫詒讓認為此器應為昭王、穆王時器。② 孫詒讓和方濬益都是依據銘文所記載的人物推斷此器的時代。經過後代學者的研究證明此器為西周宣王時器。吳大澂和方濬益雖對此器斷代有誤，但斷代方法和斷代依據是正確的，在他們所處的年代已經是創見。

需要注意的是，釋字無誤是準確考訂年代的前提，清代的青銅器年代考訂有時出現錯誤是由於銘文考釋錯誤引起的。比如庚壺銘中有"霛公"，應是齊靈公。《西甲》考釋云："按銘文內釗字，爲周康王名，賜臣下器無稱名之理，此或系成王時所作以賜齊侯呂伋者。《爾雅·釋詁》：'釗，勉也'，蓋示敬勉之意。"依據形制和涉及的人物，此器時代應該是春秋以後，《西甲》卻認為是成王賜給呂伋的，此種錯誤便是銘文誤釋引起的。

（三）器形及銘文書寫風格推定法

銅器的器形，銘文的文體和字體呈現出一定的時代特色。"一個時代有一個時代的文體，一個時代有一個時代的字體，一個時代有一個時代的器制，一個時代有一個時代的花紋，這些東西不差多是十年一小變，三十年一大變的。"③ 考訂青銅器時代，其器形，銘文的文體和字體和其演變過程是有效的斷代標準。方濬益在《綴遺齋彝器考釋》卷首《考文》中將銘文風格、語言習慣和"書勢"作為考訂時代的可靠依據，方氏云：

自宋人箸錄分夏後商周，列作器之先後，則以篆文屈曲奇古者為夏，而吳延陵之劍、秦皇帝之璽，其文固龍虎蟲鳥也。以甲乙丙丁十干名器者為商，而周器銘文三家之彝，其文亦父丙父丁

---

① 轉引自容庚《商周彝器通考》，文史哲出版社1985年版，第56頁。
② 孫詒讓：《籀廎述林》卷七，廣文書局1971年版，第10頁。
③ 郭沫若：《青銅時代》，人民出版社1954年版，第258頁。

也。謂商器類象形，而舉鼎執中，塞紀周特牲鄉射之禮。謂周器文章炳煥，或數十百言，而觚觶爵斝，概無對揚永寶之銘。是夏商周世未可以強分也。竊嘗謂商周之間，禮樂大備，姬氏尚文，器物居多，夏商但有古文，其籀書小篆之遞興，皆在周世，則欲考有周一代之文字，必自審其書勢始矣。①

方氏認為"夏商周世未可以強分"，考證周代文字，必須從考察"書勢"開始。對於銘文中沒有紀年的銅器，現在我們一般用建立"標準器"的方法，以此繫聯與之時代相同或相近的銅器來斷定其年代。最早提出"標準器"概念的是郭沫若，郭氏在其所著的《青銅器時代》中云：

> 我是先選定了彝銘中已經自行把年代表明了的作為標準器或聯絡站，其次就這些彝銘裏面的人名事跡以為線索，再參證以文辭的體裁，文字的風格，和器物本身的花紋形制，由已知年的標準器便把許多未知年的貫串了起來；其有年月日規定的，就限定範圍內的歷朔考究其合與不合，把這作為副次的消極條件。②

值得注意的是，清代學者雖然沒有提出"標準器"的概念，但在考訂年代的實踐中已經有了這樣的觀念，並已開始使用這一方法。方濬益在《綴遺齋彝器考釋》卷首的《考文》中提出周代中葉文字可考的依據云：

> 近人徐爕鈞於寶雞得周虢季子白盤，平定張穆依羅次璆以四分周術推演，定為宣王之十二年，其辭既類小雅六月之篇，而書

---

① 方濬益：《彝器說·考文》，《綴遺齋彝器考釋》，商務印書館 1935 年石印本，第 4—5 頁。

② 郭沫若：《青銅時代》，人民出版社 1954 年版，第 258 頁。

則籀文，一同石鼓，可知史籀篆，實周時書勢之一大關鍵，而召伯虎敦、虢文公鼎以《毛詩》《國語》考之，亦宣王時之器，尤足資印證矣。且鄭桓公以宣王母弟受封，鄭器如邢叔妥賓鐘、姜白鼎、羌伯鬲、楙叔賓父壺、太師小子甗，無一不與石鼓合，在既變大篆之後。是周中葉時文字之可考者其證二也。①

方濬益先將虢季子白盤考訂為西周宣王時器，通過繫聯，召伯虎敦及虢文公鼎也確定為宣王時器。方濬益是將虢季子白盤當作標準器來使用的。宋代薛尚功和清代阮元都試圖以朝代劃分銅器，但缺乏科學標準。比如薛氏劃分的夏、商、周、秦、漢等五個時代中，有的"類無定器"，比如沒有充分的依據證明哪件銅器屬於夏代，這樣劃分出的類別就沒有意義；還有的"器無定類"，比如薛氏沒劃出戰國時代，所著戰國銅器一部份歸於周代，一部份歸於秦代。阮元劃分的時代更加籠統。晚清學者能以文字筆勢為銅器分期是一大進步。② 雖然清代學者考訂銅器年代的結果未必可靠，③ 但方法是可以借鑒的，這些方法和他們所做的嘗試對後世學者影響很大。能夠利用這些有效的手段考訂青銅器年代，是晚清金文學發展成熟的標誌之一。

---

① 方濬益：《彝器說·考文》，《綴遺齋彝器考釋》，商務印書館 1935 年石印本，第 5 頁。
② 方氏指出周初文字"凡畫中肥而首尾出鋒者，蝌蚪也，古文體也"。周中葉文字"畫圓而首尾如一者，玉箸也，籀篆體也"。春秋戰國文字"其文仍是籀書，而體漸狹長，儼然小篆"。參見方濬益《綴遺齋彝器考釋》，商務印書館 1935 年石印本，第 4—6 頁。
③ 參見容庚、張維持《殷周青銅器通論》，文物出版社 1984 年版，第 11 頁。

第五章　清代金文學成就與影響

第一節　清代金文學的成就

黃侃云："唐、宋以降，治小學者率散漫而無系統。有清一代，治學之法大進，其於小學，俱能分析條理而極乎大成。"① 作為金文學空前發展的時期，清代人在金文學著錄、考釋以及研究方法方面的探索都取得了巨大成就，給後代人的研究提供了極大的便利。

首先，清代人對銘文的搜集、整理、著錄為後代的相關研究提供了寶貴的資料。清代學者對銘文的搜集、整理和著錄的重要性和鑒別、考釋銘文的困難已經有了明確的認識，羅振玉云：

> 今則有傳拓之法，有諸家箸錄之本，視古人為便矣。而猶不能無憾焉者，箸錄諸家或傳橅失真，點畫譌舛，一也。見聞所限，蒐輯未備，二也。疏于鑒別，真贗雜糅，三也。昧于古文義例，考釋或疏，四也。有斯四失，遂難依據。往見吳子苾閣學《古錄》所收墨本，多至千三百有奇，考釋矜慎，橅寫不苟，幾乎美備矣。而仍不免有點畫之小，後世偽器偶有刪之未盡者，蓋甚矣茲事之難也。②

---

① 黃侃：《文字聲韻訓詁筆記》，上海古籍出版社1983年版，第2頁。
② 吳大澂：《愙齋集古錄》，羅振玉序，商務印書館民國七年（1918）石印本。

清代學者在搜集、整理和著錄銅器過程中積累了很多關於銅器選擇、去銹、傳拓和辨偽方面的寶貴經驗。因為有了清代學者克服種種困難所作的努力，今天的研究者才能擁有更多可依憑的材料。為了弄清清代人在這方面的成就，我們對清代人的著錄情況進行了專門統計，統計方法是，選擇清末至現代統計和整理前代著錄的書籍，確定清代全部金文書籍。我們依據的資料是：王國維的《國朝金文著錄表》，羅福頤的《三代秦漢金文著錄表》和《國朝金文著錄表校記》兩種，鮑鼎的《國朝金文著錄表補遺》和《國朝金文著錄表校勘記》兩種，孫稚雛的《金文著錄簡目》，容媛的《金石書錄目》和《金石書錄目補編》兩種，容庚的《寶蘊樓彝器圖錄》《秦漢金文錄》和《清代吉金書籍述評》三種，中國社會科學院考古研究所編《殷周金文集成》之《銘文說明》，劉志成的《中國文字學書目考錄》，劉慶柱、段志洪主編的《金文文獻集成》，劉雨、沈丁、盧岩、王文亮編著《商周金文著錄總表》。我們將這些文獻中收錄的清代著錄統計起來，不計重複。因為目錄類沒給我們提供圖像和銘文拓本或摹本所以不計。《古籀拾遺》《籀膏述林》《古籀餘論》《綴遺齋彝器款識考釋稿本》《愙齋集古錄釋文賸稿》等五種因為不錄拓本和摹本或與其他著作收錄完全重複所以不計。最後確定清代金文書籍三十五種，這三十五種書籍是：《西清古鑒》《寧壽鑒古》《西清續鑒（甲編）》《西清續鑒（乙編）》《十六長樂堂古器款識考》《二百蘭亭齋收藏金石記》《山左金石志》《吉金志存》《吉金文錄》《求古精舍金石圖》《懷米山房吉金圖》《清儀閣所藏古器物文》《長安獲古編》《金石索》《攀古樓彝器款識》《兩罍軒彝器圖釋》《恆軒所見所藏吉金錄》《陶齋吉金錄》《陶齋吉金錄補》《陶齋吉金續錄》《栘林館吉金圖識》《積古齋鐘鼎彝器款識》《從古堂款識學》《張叔未解元所藏金石文字》《商周文拾遺》《攈古錄金文》《古文審》《清愛堂家藏鐘鼎彝器款識法帖》《筠清館金文》《愙齋集古錄》《敬吾心室彝器款識》

《商周彝器釋銘》《奇觚室吉金文述》《綴遺齋彝器款識考釋》《簠齋吉金錄》。將這三十五種書籍所錄拓本和摹本統計起來，多個拓本，多個摹本，或者同一器既有拓本又有摹本的全部計為一，器與蓋分列，再將偽器和疑偽之器刪除，① 最後得到商周和戰國有銘銅器拓本和摹本兩千七百二十八件。對這個結果進行兩點必要的說明：

第一，清人著錄的兩千七百二十八件有銘銅器中，有四百七十三件可見於宋代著錄，但清代著錄中與宋代重複的這部份仍有價值，因為宋代著錄全為摹銘，而清代著錄間用拓本，我們可以通過清代著錄見其原貌。

第二，兩千七百二十八件有銘銅器中，流傳至今的僅有一千一百四十四件（有一部份在海外），其餘的一千五百九十四件已經不知所終，流散的佔總數的一半以上，這些亡佚的青銅器全靠清代人給我們留下的資料。朱鳳瀚總結整個清代金文學發展時指出：

> 總結清人對青銅器所作的工作，其主要貢獻是在比較詳盡地將有清一代所見傳世的與新出土的青銅器加以著錄，留下了相當一批著作，且其繪圖準確，銘文摹寫亦較逼真，甚至已直接採用拓本，水平一般均在前人之上，故為今日青銅器研究提供許多珍貴資料，其功不可沒。②

清代人著錄中，對有些銅器的尺寸、重量、器形、花紋間有記載，還有一些留下了圖像和拓本，對已流散的青銅器來說，這些資料尤其重要，正是有了這些資料，後人才可以在此基礎上進行研究，這是清代金文學的一個突出貢獻。

其次，清代的金文考釋取得了巨大成就。清代人究竟在宋代人的

---

① 偽器和疑偽之器的判別主要依據王國維的《國朝金文著錄表》和容媛的《金石書錄目》。
② 朱鳳瀚：《古代中國青銅器》，南開大學出版社1995年版，第32頁。

基礎上釋出多少金文字形已經很難確切瞭解，我們只能依據相關資料作一個大致判斷。吳大澂所著《說文古籀補》成書於光緒九年（1883），該書主要集錄金文，兼收一部份古陶文、古璽文、古幣文以及石鼓文，其中金文佔多數。所收一千零九十三文，重二千三百五十五文；補遺六十二文，重三十八文；附錄五百四十二文，重一百四十二文。後又有增訂本刊行於光緒二十四年（1898），增入陳介祺敘。所收一千四百一十文，重二千二百六十五文；附錄五百三十六文，重一百一十九文。增訂重刊本，將補遺一卷改入了正編，新增的又比初版加補了計一千二百五十字。增訂本中除去古陶文、古璽文、古幣文和石鼓文，實得金文字頭一千零九十三個，從某種意義上講，這一千零九十三個形體是清人認為已識的金文。

俞紹宏《〈說文古籀補〉研究》中曾對其收字和釋字情況做過專門考查，根據俞紹宏的統計，《說文古籀補》正編共收錄金文三千八百三十三文，其中有二十三文是吳氏將一字割裂而誤收的，除去這二十三文，實得三千八百一十文。這三千八百一十文中有些宋人已經釋出，宋人釋出的字形又分為兩種情況，第一種情況是整個字頭下所有形體全部釋出，共計四百四十一個。第二種情況是識得一個字頭下的部份形體，共計一百三十四個，其餘的全部由清人釋出。《說文古籀補》補編共收錄金文六百四十文，除去正編中已經出現的和將一字割裂而誤收的，實得六百二十四文。除了宋人已經釋出或正確隸定的十二個形體外，清人準確釋出二百八十五個，其餘的到清末尚懸而未決。①

《說文古籀補》所收字形並不是完全沒有問題，有少數錯誤，再加上有些考釋成果沒有被採錄，所以分析的數據只能讓我們對清代金文考釋成果有一個大概瞭解。就數量而言，清人正確考釋出的金文單字要明顯多於宋人。但宋人所釋單字中有很大一部份是易識的，清人

---

① 以上數據均引自俞紹宏《〈說文古籀補〉研究》，博士學位論文，安徽大學，2006年。

的金文考釋是在易識字所剩無幾的情況下進行的，單純的數量不能說明問題，清人最突出的貢獻是準確考釋一大批難字。清人在金文學研究實踐中將偏旁分析法和二重證據法運用得更加科學，更加成熟，這些成果對其後的文字學、文獻學和考古學都產生了極大的影響。

再次，清代學者在文字學理論方面的探索給後人以啓發。對古文字演變過程的瞭解和對其形體發展規律的認識是考釋古文字的基礎。就金文研究來講，掌握古文字的變化脈絡要靠廣泛的實踐，沒有實踐也就不會有理論上的認識。有些古文字不能準確釋讀源於對其變化規律的陌生。王國維云："文字之變化脈絡，不盡可尋，故古器文字有不可盡識者，勢也。"① 清代學者的可貴之處是在實踐中努力探尋文字發展的源流，明確字形演變的基本規律。吳大澂根據當時發現的可靠的古文字資料補正《說文解字》，追溯到比許慎所能見到的古文更久遠的時代，力圖找出上古造字的根源。另外，方濬益認為要探尋文字之源，篆、隸是不足為據的，方氏在《彝器說·考文》中指出：

> 三代文字尚矣，六經諸子由篆變隸，其在今日，已非復先秦簡編之舊，然則居今日而欲考文字制作之源，古文籀書小篆變遷之跡，捨彝器曷從哉。②

可見，在甲骨文尚未發現之前，方氏主張把金文作為考證文字之源的最可靠依據，方氏對此已經有了科學的態度。甲骨文發現以後，學者們開依據甲骨文研究文字形體發展規律，眼界開闊了，結論也更加可信了。晚清學者孫詒讓對文字變化規律的認識，已經具備了現代文字學理論的特徵，孫氏闡述文字由簡到繁，再由繁到簡的變化規律云：

> 最括論之，書契初興，形必至簡，逮其後品物眾而情偽滋，

---

① 王國維：《觀堂集林》卷六，中華書局1994年版，第293—294頁。
② 方濬益：《綴遺齋彝器考釋》，商務印書館1935年石印本，第4頁。

簡將不周於用，則增益分析而漸繁。其最後文極而敝，苟趨急就，則彌務渻多，故復減損而反諸簡。其更迭嬗易之為，率本於自然。而或厭同嗜異，或襲非成是，積久承用，皆為科律，故歷年益遠，則訛變益眾。①

孫氏對文字繁化和簡化規律的解釋仍有可商榷之處，最大的問題是混淆了文字形態的多少與字形的繁簡這兩個截然不同的概念，在形體繁簡和數量多少上界限不清。用我們今天的眼光看，字體的變化和字形的簡化是相伴的，其中字體的繁化又有兩種情況，一種是純粹外形上的變化，另一種是結構上的變化，兩種變化都是爲了使文字記錄語言更加精確。就數量而言，如果不考慮生僻字，各個時代所用漢字數量其實並無太大變化。② 這個問題還是將漢字數量的變化和漢字形體的變化分開來看更清楚。另外對漢字形體進行專門闡述的是劉心源，他在《古文審》卷首的"發明四則"中將古文字分為"正俗二體"，劉氏云：

古文有正俗二體，其為廟堂之器，或出聖賢之手，或當代詞人所作亦有。市中賣器依例為文，正如今人寫典冊大文，皆楷書不敢破省。若施之碑碣散文，則偏旁點畫，亦稍隨意。古今人情不甚相遠，知古人非無俗字也。造作"貼"，琱作"𦎧"，皆不合六書，而子、孫、萬、壽等篆，異形百出，豈皆正體？③

俗字是形體不同於正字的一種通俗字體，其理據未必合於六書，但這些俗體字往往就是構成新文字的主體。④ 清代學者對異體字的認

---

① 孫詒讓：《名原·自敘》，清光緒玉海樓石印本。
② 裘錫圭：《文字學概要》，商務印書館1988年版，第31頁。
③ 劉心源：《古文審》，光緒十七年（1891）自寫刻本，第3頁。
④ 唐蘭云："其實中國文字既以形體為主，變是免不了的，由商周古文到小篆，由小篆到隸書，由隸書到正書，新文字總就是舊文字的簡俗字。"見唐蘭所著《中國文字學》，復旦大學出版社2006年版，第183頁。

知，對銘文考釋和字形研究有重要意義。孫詒讓和劉心源所提出的文字演變規律尚不成熟，但總的說來，晚清學者對文字演變規律的認識已經具備了一定的理論高度，這是在研究金文等古文字過程中形成的，這些認識成果直接或間接地影響著日後的古文字研究。清代學者在文字學理論方面的成果雖無法滿足後代人的需求，但可以使後人從中得到啟示，這是清代學者又一卓越貢獻。

第二節　清代金文學的影響

一　對說文學的貢獻

首先，清代學者正確考訂了《說文》古文的確切年代。許慎所處的東漢時期所能見到的古文字有三種，第一種是三代的銅器銘文，許慎在《說文·序》中云："郡國亦往往於山川得鼎彝，其銘即前代之古文"就是言發現銅器銘文的情況。第二種是籀文，即相傳為周宣王時太史籀編的字書《史籀篇》的抄本。第三種是古文經，即秦始皇焚書時被藏匿起來的儒家經典的抄本。許慎在《說文解字》中以"古文"指稱早於籀文的字體。許慎認為，雖然古文經書的書寫時代晚於《史籀篇》，但是所使用的字體卻早於籀文，因為孔子等人有意用比較古的字體來寫經書。① 由此看來，確定《說文》古文年代問題的關鍵有三：其一，許慎有沒有採用金文材料；其二，《史籀篇》抄本字體屬於什麼年代；其三，古文經的字體屬於什麼年代。清代對《說文》古文的年代問題有兩種看法。

第一種意見認為，許慎不僅見過銅器銘文，而且《說文》古文採用銅器銘文。持這一看法的是段玉裁、潘祖蔭和孫詒讓。段玉裁根據許慎《說文·序》所言"郡國往往於山川得鼎彝，其銘即前代之古文，皆自相似"一語，認為許慎所見古文來自壁中書和山川所出的銅

---

① 裘錫圭：《文字學概要》，商務印書館1988年版，第54頁。

器铭文，并认为二者字形相合。① 潘祖荫、孙诒让持大致相同的看法，潘氏在《攀古楼彝器款识》自序中指出"古来最博于金文者无过许叔重"，他认为许慎所处的时代所能见到的古文资料只有古器铭文。② 孙诒让在《古籀拾遗》自叙中云："汉许君作《说文》，据郡国山川所出鼎彝铭款以修古文，此以金文说字之始。"③ 其后孙氏在《名原》自叙中坚持认为许氏所录古文"盖捃拾漆书经典及鼎彝款识为之"④。这种观点最后没能站住脚。

第二种意见认为，《说文》古文和籀文都是战国时期的文字，真正的西周古籀许慎并未见过。持这种意见的是吴大澂、陈介祺和王国维。吴大澂发现《说文》古文形体与西周金文不合，得出了《说文》古文其实是周末文字的结论。吴氏云：

> 古籀之亡，不亡于秦，而亡于七国。为其变乱古法，各自立异，使后人不能尽识也。幸而有三代彝器，犹存十一于千百，考许氏《说文解字》记云："壁中书者，鲁恭王坏孔子宅，而得《礼记》《尚书》《春秋》《论语》《孝经》。又北平侯张仓献《春秋左氏传》，郡国亦往往於山川得鼎彝，其铭即前代之古文，皆自相似。"又云："其偁《易》孟氏、《书》孔氏、《诗》毛氏、《礼》周官、《春秋》左氏、《论语》《孝经》，皆古文也。其於所不知，盖阙如也。"不言博采鼎彝文字者，殆许氏所未见，阙而不录，所谓"稽譔其说，信而有徵"矣。窃谓许氏以壁中书为古文，疑皆周末七国时所作，言语异声，文字异形，非复孔子六

---

① 段玉裁：《说文解字注》卷十五，上海古籍出版社1988年影印版，第20页。
② 潘祖荫云："许君时漆书已不可得见，《训纂》《凡将》之属，皆当时通行之字，若经师之古文家经本，皆以隶写，但其文辞义训与今文别耳，非许君多见古器，何由得之。"见潘祖荫《攀古楼彝器款识·序》，第2页。(《续修四库全书》，第903册，上海古籍出版社1995年版。)
③ 孙诒让：《古籀拾遗·自叙》，清光绪玉海楼石印本。
④ 孙诒让：《名原·自叙》自序，清光绪玉海楼石印本。

經之舊簡，雖存篆籀之跡，實多譌偽之形。①

這是吳氏關於《說文》古文年代最著名的論述，從中可見，吳氏認為《說文》古文和籀文是戰國時期"變亂"之字，商周金文許慎多未見到，所以無法援引銅器銘文資料，這是他作《古籀補》的根本原因。陳介祺通過字形比對也認為孔壁古文應該是周末文字。陳氏在《說文古籀補》敘中云：

> 許氏之書至宋始箸，傳寫自多失真，所引古文，校以今傳周末古器字則相似，疑孔壁古經亦周末人傳寫，故籀書則多不如今之石鼓，古文則多不似今之古鐘鼎，亦不說某為某鐘某鼎字，必響揚以前，古器字無氊墨傳佈，許氏未能足徵。②

可見吳氏和陳氏都是根據字形的比對得出了這個結論，至於說許氏無法利用"氊墨傳佈"，也只是一個佐證而已。王國維也同意吳氏的觀點，王氏云：

> 叔重但見戰國古文，未嘗多見殷周古文。……吳清卿中丞則謂《說文》中古文皆不似今之古鐘鼎，亦不言某為某鐘某為某鼎字，必響拓以前，古器無氊墨傳佈，許君未能足徵，余案吳說是也。③

至此，關於《說文》古文年代問題已經有了結論，但吳大澂的結論中還有一個問題沒有弄清，這個問題在王國維那裏最終得以解決。

---

① 吳大澂：《說文古籀補·自敘》，中華書局1988年版，第1頁。
② 吳大澂：《說文古籀補》，陳介祺敘，中華書局1988年版，第1頁。
③ 王國維：《說文所謂古文說》，《觀堂集林》卷七，中華書局1994年版，第314—315頁。

王國維在《戰國時秦用籀文六國用古文說》中云：

> 故古文籀文者，乃戰國時東西二土文字之異名，其源皆出於殷周古文，而秦居宗周故地，其文字猶有豐鎬之遺，故籀文與自籀文出之篆文，其去殷周古文反較東方文字為近。……自秦滅六國，以至楚漢之際，十餘年間，六國文字遂遏而不行。漢人以六藝之書皆用此種文字，又其文字為當日所已廢，故謂之古文，此語承用既久，遂若六國之古文即殷周古文，而籀篆皆在其後，如許叔重《說文·序》所云者，蓋循名而失其實矣。①

以上所引王氏之語有兩個主要內容值得注意，其一，《說文》古文與籀文時代相仿，皆為周末，之所以稱前者為"古文"，是秦滅六國文字"遏而不行"所導致。其二，應將六國文字和秦文字分作兩個大系來看，《說文》古文屬於周末六國文字，籀文屬於周末秦文字。《說文》古文是戰國時期東方六國的文字，解決了吳大澂結論中最後一個問題，對吳氏之說作了很好的補充，成為定論。關於籀文的時代問題，吳氏和王氏都認為是戰國時期的文字，唐蘭也持相同看法，②這個結論似乎還有些問題，裘錫圭指出：

> 我們認為《史籀篇》應如漢人所說，是周宣王太史籀所作的一部字書，籀文就是周宣王時代的文字，只不過在後來的傳抄過程中已經產生了一些訛誤。近人把籀文時代推遲的說法似不能成立。③

---

① 王國維：《戰國時秦用籀文六國用古文說》，《觀堂集林》卷七，中華書局1994年版，第306—307頁。
② 唐蘭云："（籀文）是儘量繁複的一種文字，和西周厲、宣期文字不一樣，可是和春秋時到戰國初期的銅器文字卻很接近。"見唐蘭《中國文字學》，復旦大學出版社2006年版，第155頁。
③ 裘錫圭：《文字學概要》，商務印書館1988年版，第51頁。

裘錫圭對吳大澂等人說法的評價非常謹慎，籀文的時代問題目前還沒有確切結論，因為《史籀篇》早已失傳，《說文》收錄的也只有二百多個形體，在沒有新材料的情況下確定其年代尚有困難。總之，因為清代學者考訂了《說文》古文的確切年代，後人就能更充分地利用這些文字，把它們作為可靠的材料來使用，這對說文學和古文字學的研究具有非凡的意義。

其次，利用金文研究成果補正《說文解字》。趙誠曾指出晚清的金文研究有兩大進步，其中之一就是對《說文》的正確認識。晚清學者重視地下出土的銅器銘文和其他出土古文字材料，逐漸認識到《說文》的不足，在金文研究中不再受《說文》的束縛。① 《說文解字》成書於東漢中期，其原本已不存，現在所能見到的最早版本為唐本，其次為宋本。唐代李陽冰曾刊定《說文》為二十卷，解說過於武斷，多牽強附會。今日通行的宋本有徐鉉的大徐本和徐鍇的小徐本，正是因為二徐的校訂，《說文》才得以恢復其原來面目。宋代金文學興起，一些學者開始用金文材料訂補《說文》，如戴侗的《六書故》、段玉裁的《說文解字注》、嚴可均的《說文校議》、桂馥的《說文解字義證》等等，但他們所引金文只是用作注解的證明材料而已，② 這種觀念到晚清時期有所轉變。嚴可均著《說文翼》十四篇，該書利用金石文字資料補正《說文》。吳大澂著《說文古籀補》，力圖用比《說文》古文更早的文字資料補正《說文》。但清代有些學者對此持反對態度，最有代表性的是錢大昕，錢氏云：

　　古文籀篆體製雖變，而形聲事意之分，師傳具在，求古文

---

① 趙誠：《清代的金文研究》，《第二屆國際清代學術研討會論文集》，高雄，1999年。
② 趙誠：《清代的金文研究》，《第二屆國際清代學術研討會論文集》，高雄，1999年。

者，求諸《說文》足矣。後人求勝於許氏，拾鐘鼎之墜文，既真贗參半，逞鄉壁之小慧，又誕妄難憑，此名為尊古，而實戾於古者也。①

這種觀念有很大一部份是囿於個人偏見，但個人的力量無法阻礙學術前進的腳步。清代學者正確地掌握了古文字的演變過程，終於衝破《說文》對傳統小學的束縛，以全新的視角科學地評估《說文》之得失，並利用金文及其他古文字資料證補《說文》。方濬益也在《綴遺齋彝器考釋》的"原編目錄前記"中表達了對利用古文字材料補正說文的強烈願望："若云尋古聖制字之原，補洨長《說文》之闕，天人絕業，通儒難兼，非所能期，然不敢不勉也。"② 除了方氏之外，陳介祺也是這一做法的倡導者，陳氏在吳大澂《說文古籀補》敘中云：

今世無許書，無識字者矣。非古聖之字，雖識猶不識矣。今世無鐘鼎字，無通許書字，正許書字，補許書字者矣。

由此可見，陳氏主張用金文補正《說文》，但並不否定《說文》的價值，陳氏對《說文》與古文字之間的關係是有科學認識的。除了主張利用金文，他還主張用其他古文字材料補正《說文》。陳氏在與鮑康書函中云：

今人論書，必推許氏，然許書已非真本，豈能如鐘鼎為古文字廬山真面。當以今世所傳金文千餘種，合古書帖，編增許書。

---

① 錢大昕：《小學考序》，《潛研堂文集》卷二十四，臺灣商務印書館1979年版，第15頁。
② 方濬益：《綴遺齋彝器考釋》，商務印書館1935年石印本，"原編目錄前記"，第1頁。

鐘鼎之外，惟古刀幣及三代古印耳，是當並補許書中。①

陳介祺雖然沒有這方面的專著問世，但他在認識方面已經具備了一定的理論高度。用戰國文字材料訂補《說文》的實踐者是吳大澂。吳氏《說文古籀補》，除了金文材料外，還選擇一部份古陶文、古璽文、古幣文以及石鼓文。可見，清代人正確認識了《說文》研究和古文字研究之間的關係，開闢了《說文》研究與古文字研究相結合的道路，對後世說文學和金文學的研究都產生了重要影響。

《說文》收字的情況是："今敘篆文，合以古、籀。"② 以小篆為主，兼收一部份古文和籀文。可是許慎收錄的古文字資料的時代比較晚。通過字形比對可以斷定，《說文》所收的古文全部出自古文經，是戰國時期的文字。籀文的時代也不算很早，並且許氏所據的《史籀篇》屢經傳抄，有些字形已經訛變。依據這些字形分析的字義往往不可靠，③ 所以清代學者開始用金文等古文字材料補正《說文》篆形和解說問題，有時直接指出《說文》解說的不當。例如，《說文》"對"字下許慎收入重文"對"。於是吳大澂在"對"字下云：

𢧵，小篆作"對"，許氏說："對或从士，漢文帝以為責對而為言，多非誠對，故去其口以从士也。"今彝器對字多从"丵"不从口，許說非也（虢叔鐘）。④

這是一個很典型的例子，吳大澂在《說文古籀補》談到此字，吳氏云：

---

① 陳介祺：《秦前文字之語》，齊魯書社1991年版，第145—146頁。
② 許慎：《說文解字·序》卷十五，中華書局1963年版，第21頁。
③ 裘錫圭：《古文字學簡史》，《文史叢稿》，上海遠東出版社1996年版，第141頁。
④ 吳大澂：《說文古籀補》卷三，中華書局1988年版，第4頁。

> 今所見古器文多作"對"，無從口者，自非漢時所改。然則郡國所出鼎彝，許氏實未之見，而魯恭王所得壁經，又皆戰國時詭更變亂之字。①

此字並非許慎所說是漢代改為从土這個形體的，因為此字金文習見，沒有从口的。吳大澂將此例作為許慎沒見過金文的證據，"宜許氏之不獲見古、籀真跡也"，是很有道理的。再如《說文》"糸"字，許慎云：

> 糸，細絲也，象束絲之形。……𢆯，古文糸。

吳氏在"績"字下指出：

> 䋣，古鉢文，王績省"糸"為"纟"，乃六國時文字，《說文》"𢆯"古文作"𢆯"，……可知許氏所見壁經皆與此類，晚周之本也。②

吳氏所列舉的這些實例不僅補《說文》之不足，訂正其錯誤，而且據此推斷出《說文》古文的時代。從另一角度而言，吳氏的《說文古籀補》已經進入戰國文字研究階段，吳氏是戰國文字研究的奠定者，"至少可以看作最重要的一位先驅者"。③ 清代學者對《說文》的補正，豐富了《說文》的內容，後代學者也從中得到了有益的啟示。

二　影響民國以後金文學的發展

本書第一章講過，政治上的變革對學術研究雖有影響，但並無絕

---

① 吳大澂：《說文古籀補·自敘》，中華書局1988年版。
② 吳大澂：《說文古籀補》卷十三，中華書局1988年版，第2頁。
③ 裘錫圭：《吳大澂》，《文史叢稿》，上海遠東出版社1996年版，第173頁。

對的關聯，學術研究有自己的發展特點。就整個清代金文學發展狀況來說，晚清是高峰，晚清金文研究的輝煌成就對學術的影響並沒有隨著清王朝的結束而衰落。民國初期的金文學家與晚清學者多有交往，有的就出自晚清學者門下。從時間上看，晚清學者的有些著作在民國以後才得以刊行，比如方濬益的《綴遺齋彝器款識考釋》。方氏從同治八年（1869）就開始搜集拓本，直到光緒二十五年（1899）方氏逝世也沒有完成，此書1935年才得以印刷刊行。吳大澂的《愙齋集古錄》，是在吳氏逝世後第十五年的1917年才影印出版，其遺稿後被輯為《愙齋集古錄釋文賸稿》於1919年印行。孫詒讓所著《古籀餘論》得以出版面世也已經是民國之後的1929年了。陳介祺的《簠齋吉金錄》，直到民國七年（1918）才由風雨樓石印出版。以上列舉的都是晚清頗有影響的著作，對學術產生影響都是在民國以後。

今天金文學的各種研究課題，清代學者幾乎都有涉獵，而且其中大部份研究課題在清代取得了非常可觀且影響深遠的成就，比如著錄體例、分類定名、斷代、文字考釋、考釋方法、對《說文》的補正、文字演變規律以及《說文》古文、籀文年代問題等等。至於辨偽問題，潘祖蔭所著《攀古樓彝器款識》收錄幾十件銅器無一偽器，依陳介祺藏器編訂的《簠齋吉金錄》所錄三百九十件銅器拓本中也無偽器，可見晚清時期的銅器辨偽已經達到了極高的水平，並且積累了豐富的辨偽經驗。陳介祺曾致函王懿榮云：

> 偽刻必有斧鑿之痕，以銅絲刷去之，則又有刷痕而字鋒又失。且舊物手摸即可知（銅玉等皆然，古物皆然）。偽者必不渾融。偽者斑下無字，斑中更不能見字。古器過朽，銅質無存，則字不可剔而可見。真者字底有銅汗積灰，必不能偽。鑄字刻字必可辨，鑄字佳者，每上狹而下寬。古人之字只是有力，今人只是無力。古人筆筆到，筆筆起結，立得住，貫得足，今人如何能

及。不知只是未向此中追求，好古必以文字為主也。①

　　在器物學研究相對不足，缺乏科技手段的清代，陳氏能夠憑藉經驗，依據銘文特點準確識別偽器實屬難得，為民國以後的相關研究提供了可以借鑒的經驗。此外，民國初年的金文研究有很大一部份是對清代著作的整理和研究。比如 1914 年王國維著《國朝金文著錄表》，1933 年羅福頤著《三代秦漢金文著錄表》《國朝金文著錄表校記》以及《內府藏器著錄表》，1929 年容庚著《西清金文真偽存佚表》，1931 年鮑鼎著《國朝金文著錄表補遺》和《國朝金文著錄表校勘記》。因為有了這些整理和總結性的工作，我們今天利用清代金文成果才更加方便，這個時期的研究在金文學史上起著承前啟後的作用。容庚所著《金文編》和《商周彝器通考》分別於 1925 年、1941 年出版，這兩部書是民國以後金文學研究的代表性著作，其中很多內容就是引用清代金文學的研究成果。三十年代以後，容庚、于省吾、商承祚、郭沫若等都對金文資料的整理和傳佈作出了貢獻。② 他們所編纂金文圖錄有很大一部份直接採用清代學者的拓本或摹本，編著體例也是在繼承清人的基礎上加以完善。總之，民國之後的金文學研究成就是在繼承清代的研究成果和研究方法的前提下才得以實現的。

---

① 陳介祺：《秦前文字之語》，齊魯書社 1991 年版，第 70 頁。
② 黃德寬、陳秉新：《漢語文字學史》，安徽教育出版社 1994 年版，第 241 頁。

參考文獻

白冰:《青銅器銘文研究:白川靜金文學著作的成就與疏失》,學林出版社 2007 年版。

白川靜:《西周彝器斷代小記》,《歷史語言研究所集刊》總第 36 期,1965 年。

蔡哲茂:《方濬益的金文研究和成就》,《第一屆國際暨第三屆全國清代學術研討會論文集》,高雄,1993 年。

曹載奎:《懷米山房吉金圖》,道光十九年(1839)自刻本。

陳初生:《金文常用字典》,陝西人民出版社 2004 年版。

陳劍:《據郭店簡釋讀西周金文一例》,《北京大學古文獻研究中心集刊》2001 年第 2 期。

陳介祺、鄧實:《簠齋吉金錄》,民國七年(1918)風雨樓石印本。

陳經:《求古精舍金石圖》,清嘉慶十八年(1813)說劍樓木刻本。

陳夢家:《西周年代考》,中華書局 2005 年版。

陳夢家:《西周銅器斷代》,中華書局 2004 年版。

陳雙新:《兩周青銅樂器銘辭研究》,河北大學出版社 2002 年版。

陳暐仁:《孫詒讓的金文學》,碩士學位論文,臺灣大學,1996 年。

陳偉武:《試論晚清學者對傳鈔古文的研究》,《第二屆國際清代學術研討會論文集》,高雄,1999 年。

陳煒湛:《清代傑出的古文字學家吳大澂》,《古文字研究》第 20 輯,中華書局 2000 年版。

程邦雄：《孫詒讓文字學之研究》，博士學位論文，華東師範大學，2004年。

程邦雄、俞紹宏、徐和雍：《論孫詒讓》，《杭州大學學報》1988年第4期。

戴侗：《六書故》，上海社會科學出版社2006年版。

丁麟年：《栘林館吉金圖識》，1941年北平東雅堂翻印宣統二年石印本。

董蓮池：《金文編校補》，東北師範大學出版社1995年版。

董蓮池：《商周銅器銘文彙釋》第一編，作家出版社2006年版。

董珊：《略論西周單氏家族窖藏青銅器銘文》，《中國歷史文物》2003年第4期。

杜迺松：《孫詒讓在甲骨金文研究上的貢獻》，《學林漫錄》第六集，中華書局1997年版。

杜勇、沈長雲：《金文斷代方法探微》，人民出版社2002年版。

端方：《陶齋吉金錄》，光緒三十四年（1908）石印本。

端方：《陶齋吉金錄補》，宣統元年（1909）石印本。

段玉裁：《說文解字注》，上海古籍出版社1998年影印版。

方濬益：《綴遺齋彝器款識考釋》，商務印書館1935年石印本。

馮雲鵬、馮雲鵷：《金石索》，道光七年（1827）木刻本。

高明：《中國古文字學通論》，北京大學出版社1996年版。

高明：《古文字類編》，中華書局1980年版。

高書勤：《晚清金石學視野中的吳大澂》，博士學位論文，復旦大學，2005年。

顧廷龍：《吳愙齋先生年譜》，哈佛燕京學社1935年。

郭寶鈞：《商周銅器群綜合研究》，文物出版社1981年版。

郭沫若：《兩周金文辭大系圖錄考釋》，科學出版社2002年版。

郭沫若：《青銅時代》，人民出版社1954年版。

郭沫若：《殷周青銅器銘文研究》，人民出版社1958年版。

何林儀：《戰國古文字典》，中華書局 1998 年版。

胡樸安：《中國文字學史》，商務印書館 1998 年版。

黃德寬：《漢字理論叢稿》，商務印書館 2006 年版。

黃侃：《文字聲韻訓詁筆記》，上海古籍出版社 1983 年版。

李剛：《唐蘭的青銅器及銘文研究》，博士學位論文，吉林大學，2010 年。

李海榮：《清代的青銅器研究》，《文物季刊》1999 年第 2 期。

李家浩：《戰國官印考釋》，《著名中年語言學家自選集李家浩卷》，安徽教育出版社 2002 年版。

李零：《楚國銅器銘文編年彙釋》，《古文字研究》第 13 輯，中華書局 1986 年版。

李守奎：《楚文字編》，華東師範大學出版社 2003 年版。

李守奎：《出土楚文獻文字研究綜述》，《古籍整理研究學刊》2003 年第 1 期。

李天虹：《〈說文〉古文新證》，《江漢考古》1995 年第 2 期。

李學勤：《西周中期青銅器的重要標尺——周原莊白、強家兩處青銅器窖藏的綜合研究》，《中國歷史博物館館刊》1979 年第 1 期。

李學勤：《古文字學初階》，中華書局 1985 年版。

李學勤：《新出青銅器研究》，文物出版社 1990 年版。

梁啟超：《清代學術概論》，中華書局 2010 年版。

梁華榮：《西周金文虛詞研究》，博士學位論文，四川大學，2005 年。

林義光：《文源》，林氏自刊石印本 1920 年。

林澐：《古文字研究簡論》，吉林大學出版社 1986 年版。

劉慶柱、段志洪：《金文文獻集成》第十六冊，線裝書局 2005 年版。

劉喜海：《清愛堂家藏鐘鼎彝器款識法帖》，道光十八年（1838）木刻本。

劉喜海：《長安獲古編》，光緒三十一年（1905）劉鶚補刻器名本。

劉翔、陳抗、陳初生、董琨：《商周古文字讀本》，語文出版社 1989

年版。

劉心源：《奇觚室吉金文述》，光緒二十八年（1902）石印本。

劉心源：《古文審》，光緒十七年（1891）自寫刻本。

劉雨：《乾隆四鑑綜理表》，中華書局1989年版。

劉釗：《古文字構形學》，福建人民出版社2006年版。

劉昭瑞：《宋代著錄商周青銅器銘文箋證》，中山大學出版社2000年版。

呂大臨、趙九成：《考古圖・續考古圖・考古圖釋文》，中華書局1987年版。

呂調陽：《商周彝器釋銘》，光緒二十年（1894）觀象廬叢書刻本。

羅振玉：《三代吉金文存（全三冊）》，中華書局1983年版。

馬承源：《商周青銅器銘文選》，文物出版社1988年版。

馬承源：《西周金文和周歷的研究》，上海博物館集刊編輯委員會《上海博物館集刊建館三十週年特輯》，上海古籍出版社1983年。

馬承源：《中國青銅器》（修訂本），上海古籍出版社2003年版。

馬衡：《中國之銅器時代》，《考古學論叢》總第1輯，1928年。

潘祖蔭：《攀古樓彝器款識》，同治十一年（1872）自刻本。

彭裕商：《西周青銅器年代綜合研究》，巴蜀書社2003年版。

錢大昕：《潛研堂文集》，江蘇古籍出版社1997年影印版。

錢坫：《十六長樂堂古器款識考》，開明書局民國二十二年（1933）翻刻本。

清高宗敕編：《西清古鑒》，乾隆二十年內府刻本。

清高宗敕編：《寧壽鑒古》，商務印書館民國二年（1913）依寧壽宮寫本縮小石印本。

清高宗敕編：《西清續鑒》（甲編），商務印書館宣統三年（1911）依寧壽宮寫本縮小石印本。

清高宗敕編：《西清續鑒》（乙編），北平古物陳列所民國二十年（1931）石印本。

裘錫圭：《古代文史研究新探》，江蘇古籍出版社 1992 年版。

裘錫圭：《文字學概要》，商務印書館 1988 年版。

裘錫圭：《古文字學簡史》，《文史叢稿》，上海遠東出版社 1996 年版。

裘錫圭：《中國出土古文獻十講》，復旦大學出版社 2004 年版。

裘錫圭：《吳大澂》，《文史叢稿》，上海遠東出版社 1996 年版。

裘錫圭：《孫詒讓》，《文史叢稿》，上海遠東出版社 1996 年版。

容庚：《金文編》，中華書局 1985 年版。

容庚：《商周彝器通考》，上海人民出版社 2008 年版。

容庚：《清代吉金書籍述評》，《學術研究》1962 年第 2—3 期。

阮元：《積古齋鐘鼎款識》，嘉慶九年（1804）自刻本。

單育辰：《楚地戰國簡帛與傳世文獻對讀之研究》，博士學位論文，吉林大學，2010 年。

商承祚：《說文中之古文考》，學海出版社 1979 年版。

孫詒讓：《古籀拾遺》，光緒十四年十六年（1890）自刻本。

孫詒讓：《古籀餘論》，1929 年哈佛燕京學社石印容庚校本。

孫詒讓：《籀頊述林》，廣文書局 1971 年版。

孫詒讓：《名原》，齊魯書社 1986 年版。

孫詒讓：《契文舉例》，齊魯書社 1993 年版。

湯餘惠：《略論戰國文字形體研究中的幾個問題》，《古文字研究》第 15 輯，中華書局 1986 年版。

湯餘惠：《戰國銘文選》，吉林大學出版社 1993 年版。

唐蘭：《古文字學導論》（增訂本），齊魯書社 1981 年版。

唐蘭：《西周青銅器銘文分代史徵》，中華書局 1986 年版。

唐蘭：《西周銅器斷代中的"康宮"問題》，《考古學報》1962 年第 1 期。

唐蘭：《宜侯夨簋考釋》，《考古學報》1956 年第 2 期。

唐蘭：《中國文字學》，上海古籍出版社 2001 年版。

王保頂：《論清代學術的基本特徵》，《社會科學輯刊》1990 年第 5 期。

王黼等：《宣和博古圖》，上海科技教育出版社 1994 年影印版。

王國維：《古史新證》，清華大學出版社 1996 年版。

王國維：《三代秦漢金文著錄表》，民國二十二年（1933）墨緣堂影印本。

王國維：《觀堂集林》，中華書局 1959 年版。

王國維：《國朝金文著錄表》，北京圖書館出版社 2003 年版。

王世民等：《西周青銅器分期斷代研究》，文物出版社 1999 年版。

王新宇：《阮元與金石學》，博士學位論文，首都師範大學，2002 年。

王筠：《說文釋例》，中華書局 1987 年版。

吳大澂：《說文古籀補》，中華書局 1988 年版。

吳大澂：《吳愙齋尺牘》，商務印書館 1938 年版。

吳大澂：《恆軒所見所藏吉金錄》，光緒十一年自刻本。

吳大澂：《愙齋集古錄》，商務印書館民國七年（1918）石印本。

吳東發：《商周文拾遺》，中國書店石印本 1924 年版。

吳其昌：《金文曆朔疏證》，北京圖書館出版社 2004 年版。

吳榮光：《筠清館金文》，道光二十二年（1842）自刻本。

吳式芬：《攗古錄金文》，民國二年西泠印社翻刻本。

吳雲：《兩罍軒彝器圖釋》，同治十一年（1872）自刻本。

吳雲：《二百蘭亭齋收藏金石記》，咸豐六年吳讓之寫刻本。

吳振武：《說徐王糧鼎銘文中的"魚"字》，《古文字研究》第 26 輯，中華書局 2006 年版。

武振玉：《兩周金文詞類研究·虛詞篇》，博士學位論文，吉林大學，2006 年。

夏竦：《古文四聲韻》，中華書局 1983 年版。

徐和雍：《論孫詒讓》，《杭州大學學報》1988 年第 4 期。

徐同柏：《從古堂款識學》，同文書局光緒十二年（1886）石印本。

徐正考：《殷商西周金文"隓（尊）"字正詁》，《古漢語研究》1999年第1期。

徐中舒：《甲骨文字典》，四川辭書出版社1993年版。

徐中舒主編：《殷周金文集錄》，四川人民出版社1984年版。

許慎：《說文解字》，中華書局1963年影印版。

薛尚功：《歷代鐘鼎彝器款識法帖》，線裝書局2001年影印版。

楊寬：《西周史》，上海人民出版社2003年版。

楊樹達：《積微居金文說》（增訂本），中華書局1997年版。

楊樹達：《積微居小學述林》，中華書局1983年版。

楊樹達：《積微居金文論叢》（增訂本），中華書局1983年版。

姚孝遂主編，劉釗、董蓮池等編：《中國文字學史》，吉林教育出版社1995年版。

俞紹宏：《吳大澂古文字研究局限性述略》，《寧夏大學學報》（人文社會科學版）2007年第5期。

俞紹宏：《吳大澂的古文字考釋成就》，《南開語言學刊》2009年第2期。

俞紹宏：《〈說文古籀補〉研究》，博士學位論文，安徽大學，2006年。

俞紹宏：《試述吳大澂對青銅器的分域斷代研究》，《中國古代社會與思想文化研究論集（二）》，黑龍江人民出版社2007年版。

于省吾：《從古文字學方面來評判清代文字、聲韻、訓詁之學的得失》，《歷史研究》1962年第6期。

曾憲通：《清代金文研究概述》，《第一屆國際暨第三屆全國清代學術研討會論文集》，高雄，1993年。

張長壽、陳公柔、王世民：《西周青銅器分期斷代研究》，文物出版社1999年版。

張光直：《中國青銅時代》，聯經出版事業公司1991年版。

張立鑫：《孫詒讓的學術研究》，博士學位論文，蘇州大學，2010年。

張廷濟:《清儀閣所藏古器物文》,1925 年涵芬樓石印本。
張廷濟:《張叔未解元所藏金石文字》四會嚴氏鶴緣齋光緒十一年（1885）石印本。
張亞初:《殷周金文集成引得》,中華書局 2001 年版。
張政烺:《利簋釋文》,《考古》1978 年第 1 期。
趙誠:《清代的金文研究》,《第二屆國際清代學術研討會論文集》,高雄,1999 年。
趙明誠:《金石錄》,中華書局 1991 年影印版。
支偉成:《清代樸學大師列傳》,岳麓書社 1998 年版。
中國社會科學院考古研究所:《殷周金文集成》（修訂增補本）,中華書局 2007 年版。
中國社會科學院考古研究所:《殷周金文集成釋文》,香港中文大學出版社 2001 年版。
周法高:《金文詁林》,香港中文大學出版社 1974 年版。
朱鳳瀚:《古代中國青銅器》,南開大學出版社 1995 年版。
朱瑞平:《孫詒讓小學成就研究》,博士學位論文,北京師範大學,2003 年。
朱善旂:《敬吾心室彝器款識》,朱之榛光緒三十四年（1908）石印本。